行动式演说

汤筱君　杨延光　著

中国出版集团
東方出版中心

图书在版编目（CIP）数据

行动式演说 / 汤筱君，杨延光著．——上海：东方出版中心，2019.8

ISBN 978-7-5473-1497-5

Ⅰ．①行…　Ⅱ．①汤…　②杨…　Ⅲ．①演讲—语言艺术　Ⅳ．①H019

中国版本图书馆 CIP 数据核字（2019）第 117912 号

行动式演说

出版发行：东方出版中心
地　　址：上海市仙霞路 345 号
电　　话：62417400
邮政编码：200336
印　　刷：北京宝丰印刷有限公司
开　　本：710mm×1000mm　1/16
字　　数：182 千
印　　张：14.5
版　　次：2019 年 9 月第 1 版第 1 次印刷
ISBN 978-7-5473-1497-5
定　　价：49.90 元

序一

哪里有倾听，哪里就有演说

一直以来，许多人都有这样的思维误区：演说是演说家的事，演说是政治家的事，演说是领导的事……反正，演说都是别人的事。

我曾经也深陷这个误区。

记得我上高中的时候，整日一副踌躇满志却又沉默是金的神情，不仅不善言谈，更别提在公开场合表达了。因为沉默寡言，不善沟通，以至于当时的班主任说："我一见到汤筱君就害怕！"

这种情形甚至持续到我走进社会参加工作的前几年：不论是与家里人沟通，还是与单位同事相处，我能不开口尽量不开口，能说一个字，就坚决不说两个字。实在要多一些表达才能讲清楚的，我就写信。

那时还没有手机，没有短消息，没有微信，面对面三言两语就能搞定的事，我宁愿洋洋洒洒写上五六页、七八页信笺。

初恋时期，男朋友对我说得最多的就是："最爱看你写的信了！"

我每一次写信，从没少于2000字。如果说现在还有点笔头功夫，估计都是那会儿练出来的。

我大学学的是法律，初衷是做一名公益律师。但最终我放弃了，是因为我发现，做律师不仅仅要写辩护词，更要当庭开口作辩护！什么？还要公众演说？便作罢。

直到2000年，我来上海求职于一家自己中意的教育公司。也许因为求职信还写得不错，省去了几道面试关，董事长直接对我进行初试也是最后面试。但我临场表达的结果却令董事长怀疑：难道求职信是你找人代写的？

也不知是急中生智还是定中生慧，还是因为信中内容确实是自己所写，看到董事长一脸怀疑打算放弃我的眼神（当时那份工作对我来说非常重要），我竟然滔滔不绝地一口气陈述了必须要录用我的六大理由。那一刻，董事长也惊呆了，从她的表情中我读到的潜台词是："原来你还是会说话的啊！"

我陡然之间明白了：不是演说家才需要演说，不是要站上舞台万众瞩目才开始演说，工作中、职场上、社交中，无处不演说！换句话说：哪里有倾听，哪里就有演说！

商场谈判有对手听，你在演说；

汇报工作有领导听，你在演说；

工作交流有同事听，你在演说；

团队激励有伙伴听，你在演说；

社交互动有朋友听，你在演说；

夫妻示爱有伴侣听，你在演说；

亲子教育有孩子听，你在演说；

亲情沟通有家人听，你在演说；

……

自我介绍是演说；

项目推介是演说；

商业路演是演说；

工作汇报是演说；

产品提案是演说；

庆典致辞是演说；

精心设计是演说；

即兴开口是演说；

一对多是演说；

一对一是演说；

……

哪里有倾听，哪里就有演说！

演说，带给我们机会；

演说，增强我们的个人魅力；

演说，改善我们的人际关系；

演说，会让我们更加值钱！

具备并提升演说力，会让我们感到前所未有的价值感与迫切感。这也是市场上关于演说类课程长盛不衰的秘诀所在。

这一本《行动式演说》，汇集两位演说训练专家近20年的实战训练总结，独创行动式的四级演说，辅以演说成长路径、训练方法、训练工具、训练模板，让你从敢说到说好，从说服到说动，最终成为一个因演说而影响和改变他人的人！

汤筱君

2019年1月25日于上海

序二

以终为始，循序渐进

2003年，我离开家乡闯荡上海时，只抱定一个信念：我是武汉大学科班毕业的大学生，我的人生应该还可以更精彩。否则，我读这四年大学到底是为了什么？

正如我常常挂在嘴边的、前亚洲首富孙正义曾经说过的一句话："起初所拥有的只是梦想和毫无根据的自信，但一切都从这里开始。"

当时的我，除了一份毫无理由的自信外，所剩下的就是年轻、勤奋和好学了。

今年已经是2019年了，回首过去的16年，如果有人问我："到上海发展了这么多年，从当时的一无所有，到今天的家庭幸福、事业有成，你最大的感悟是什么？"我会毫不犹豫地说："学会演讲！"

回顾我14年的演说之路，我可以负责任地说："拳不离手，曲不离口。"

演说是一项语言表达技能，是可以通过系统的、专业的学习和有针对性的训练不断提升的。"师傅领进门，修行靠个人。"有好教练的辅导和训练，可以让我们少走很多的弯路，提高训练的有效性。而个人的内在驱动力和良好的品质，相当于内功修为，最终决定了一个人在演说这条道路上能走多远。

如果有人问我：“从对演说一无所知，到成为喜怒笑骂皆文章的演讲高手，最重要的秘诀是什么？”我会毫不犹豫地说：“以终为始，循序渐进。”

以终为始——定位定天下

我们要思考清楚，到底我要成为一个什么样的人。

我们今天的生活状态，是由三年前的想法决定的。我们今天的想法决定了三年后我们的生活状态。

“摸着石头过河”已经无法适应今天的社会发展现实了，更有效的方式是“站在未来看现在，缺什么，补什么”。

普通人的生活方式是“走一步，看一步”。我们推荐的生活方式是“从一开始，就透视全局”。

对于我而言，我的人生定位很明确——教育工作者。再细化开来，按照发展的不同阶段，有五个相对应的身份，分别是：思想家、演说家、教育家、企业教练和人生导师。

思想家：苏格拉底说过：“未经思考的人生，不值得一过。”是长期以来的思考和总结，锻炼了我思考问题的逻辑性和深刻性。

演说家：不会演讲，等于会说话的哑巴。我坚决不做生活中会说话的哑巴，我愿意用生命的力量去珍惜每一次发言的机会。

教育家：会讲课的老师太多了，会建立教育系统的专家太少了。我要把“教育报国”的使命落到实处，就一定要建立教育系统。

企业教练：从老师转型升级为企业教练。人的时间和精力都是有限的，只有一种身份，可以不受行业的限制，那就是教练。企业教练就是专门为企业的系统化建设和人才培养提供支持和创造价值的。

人生导师：立功、立德、立言。沉淀和总结自己的经验和智慧，通过各种渠道和方式，为社会作出自己的贡献，在过程中做到教学相长，圆满此生。

循序渐进——聪明人下笨功夫

这个世界上最不缺的就是聪明人，最缺的就是能够踏踏实实、一步一个脚印把事情做到位的人。

心浮气躁、缺少耐心是现代人的基本情绪状态。急功近利，想一步到位，一口吃个胖子的心态，使我们被外界机会所诱惑，少了专注和坚持。到头来，身心疲惫，一事无成。

水滴石穿，不是水的力量，是坚持和重复。所有有大成就的人，无不是愿意扎扎实实下笨功夫的大智若愚的人。

对于我而言，在演说这条路上，如果从大二练习“疯狂英语”算起的话，每天早上的晨读，我已经坚持了 20 年。没有“台下十年功”，就没有“台上一分钟”。

具体说来，如何下笨功夫呢？我的理解有两点：

第一，日拱一卒：“宁可十年不将军，不可一日不拱卒。”日拱一卒，代表的是每天的精进。一点总比没有好，每天进步一点点，明天才会更美好。要么就不要做，要么就不要停。带着这份决心和坚持，做一个让自己都感觉到可怕的人。

第二，凡事总结：“世事洞明皆学问，人情练达即文章。”处处留心皆学问，学以致用。生活总不缺少美，缺少的是发现美的眼睛和心灵。凡有体验，必有总结；凡有总结，必写一二三。

如果有人问我："怎样才可以通过自己的努力，改变自己的人生命运，做最好的自己？"我会毫不犹豫地说："学会演讲。以终为始，循序渐进。"

杨延光

2019 年 1 月 30 日于上海

目　录

CONTENTS

第一章

敢说——大胆开口

第一节　重新定义

每个人都会说话，但不等于每个人都会演说。

演说，亦称演讲、讲演，指在听众面前，就某一问题表达自己的意见或阐明某一事理。用通俗的语言表达，演说就是当众说话，而不是自说自话。当众说话不是人人都敢，也不是人人都会。

行动式演说的观点：演说是一门技术活。

破解演说

演说是一门技术活，就和开车、游泳一样，需要专业性、技巧性的学习，坚持下去，才能够熟能生巧，成为演说高手。

关于演说的学习，有三个前提条件：

第一，有一个好教练。任何一个在竞技场上拿到冠军的运动员背后，都有一位可以培养出冠军的教练。教练的能级，决定了选手的表现。

第二，系统的学习。职业选手和业余选手最大的区别在于：业余选手也许能自学成才，但职业选手必须接受系统的、专业的、持续的训练。

第三，大量的实践。一万小时定律告诉我们，任何一门技能，只有持续反复，加以刻意练习，才能做到熟能生巧，游刃有余。演说是实践性很强的技能，需要在大量的实践中得到检验和进一步提升。

人们进行演说的目的各不相同，在日常生活中，我们常见的演说有三类：

第一类是告知类演说。这类演说强调信息的精准传递，比如新产品发布、项目介绍、企业文化制度宣导等。

第二类是说服类演说。这类演说强调逻辑、内容、表达形式的综合应用，常见的有商业路演、竞聘述职、激励培训等。

第三类是娱乐类演说。这类演说强调喜闻乐见、幽默风趣，大家最常见到的综艺节目、脱口秀，就属于娱乐类演说。

无论是哪一类演说，都具有传播思想、带动情绪或者感召行动等效用。为了尽可能地实现这些目的，演说活动要求“演”与“说”结合——“演”是形式，强调真情实感；“说”是内容，强调真材实料。

1.“演”是演绎，需要真情实感

“演”是演绎，是演说的表达形式，强调真情实感。

人生如戏，戏如人生。我们生活中的每一天，都好比一场“现场直播”。每个人，都是自己人生这部纪录片的编剧、导演和主演。角色等于人格。我们选择了什么样的角色，就会表现出什么样的人格特质。因此，对于演说者而言，他要通过“演”的方式，更好地传达出内心的情绪和感受。

一个优秀的“演说者”，同时也是一个优秀的“演员”。一个不会“演”的说者，不是一个好的演说者；一场没有“演”的说话，不是一场好的演说。

“演”包含了道和术两个方面。在“演”的过程中，外在的手势、肢体和表情的变化技巧，属于“术”的层面。内在的情感、信念和意愿度，属于“道”的层面。

行动式演说的观点：以道御术，“演”得才会真实、才会更有感染力。通过真情实感的“演”，让听众看到你的真切的行动，感受到你的真切的感情。

“演”的“术”可以从以下三个方面去提升：

形：是指演说者的外形，通常表现为良好的形体、完美的形象和得体的形态。良好的“形”可以给听众带来更好的印象，提高演说者的演说效果。为此，演说者要注重自身的形体锻炼，以保持匀称的体型和身材。同时，外在形象价值甚高，演说者需要掌握一定的服装搭配、妆容修饰等技巧。

要知道，魔力藏在细节里，演说者的外在形象，显露出的正是演说者内在的素质、修养和品德。

气：包含气息、气质乃至气场，演说者需要有意识地训练自己的气息，提升自己的气质，增强自己的气场。训练对气息的调节，可以缓解演说者的紧张情绪。而气质的培养，需坚持阅读与学习，“腹有诗书气自华”。通过长期的实践可以让演说者由内而外散发出影响力，不怒自威，站在台上，自带一种与众不同的气场。

神：是指演说者的眼睛里的神色、表情中的神情和行为上的神态。眼睛是心灵的窗口，演说者要有意识地训练自己的眼神，使之坚定而有力量。

日本“推销之神”原一平，曾经创下连续 16 年业绩全日本第一的纪录。他为了让自己的微笑更加自然、真诚，进行了系统、全面、长期的训练，最终掌握了 38 种笑，让自己的微笑成为推销利器。

我们需要对面部表情进行有意识的训练。在演讲时，神态是自然、淡定、从容，还是拘谨、害羞、不自然，直接影响着听众对演说的感受。

“演”的“道”也可以从以下三个方面去提升：

真：是指演说者的角色扮演要真实，态度要真诚，言辞要真切。要把自己完全地融入角色中，达到忘我的境界。“我”只存在于“我”的角色之中。真诚是一种力量，真诚让内心无惧，没有什么人可以拒绝真诚。用真心说话时所流露出来的情真意切，听众是能够感受到的，听众不仅在乎你讲的内容有多精彩，更在乎你是否真的用心在表达。

善：是指演说者的起心动念要有善心，用词遣句要有善语，行为方式要有善行。发心要利他，这样说出来的话，才能引发共鸣，赢得人心。用积极的正能量的语言，表达你希望听众理解的你的意思，可以避免引起歧义或不必要的误解。用自己能够接受的方式去行动，活出真实的自己。用听众能够接受的方式去行动，引发全场的互动和联动。

美：是指演说者应给予听众视觉、感受上的美感，提升自身修养方面的美德。演说者站在舞台上，要与舞台能够融为一体，和谐自然，成为风景的一部分。让听众看到后赏心悦目，心生欢喜。毕竟，没有人不喜欢美好的事物，而演说者的价值之一就在于发现美、传播美。让听众听完演说，能够有所收获，有所发现，更好地生活和工作。演说者自身的素质水平和道德修养，会直接或间接地影响到听众，所以要严于律己，为人师表，做好表率，才有资格当众讲话。

2.“说”是说话，需要真材实料

“说”是说话，是演说的具体内容，强调真材实料。

万事万物都是由能量构成的，语言也不会例外。语言是有能量的，尖酸刻薄的话语属金，肃杀而冰冷；温柔和缓的话语像水，能安抚受伤的心灵；沉稳并且坦诚的话语如土，给人真诚和信任；积极正面的话语如木，蓬勃生发，净化心灵；热情洋溢的话语是火，传递着爱心与温暖。一个演讲者所表达出来的人生，就是他的人生。改变命运，从改变语言开始。对于演说者而言，他要通过“说”的方式，更好地传达出内心的观点和情感。

“说”也包含了道和术两个方面。在“说”的过程中，外在的表达属于“术”的层面，而内在的规律属于“道”的层面。

行动式演说的观点：道术合一，才能“说”得更有料，更有说服力。通过真材实料的“说”，让听众听到有价值的思想，因为你的演说而受益。

“说”的“术”可以从以下三个方面去提升：

信：指的是内容的可信。演说者站在舞台上演说，对于听众而言，具有无形的影响力。所以，演说者要对自己所说的内容真实性负责任，确保演说的内容是正确的，最好是经过自己实践后得到证明的，而不能只是道听途说，或人云亦云。

达：指的是准确、透彻的表达，能够准确、清晰地表达出所要表达的意思。演说者可以通过语速、语气和语调的变化，修辞方式的运用，保证表达的效果，达到预期的演说目的。

雅：指的是方式的合乎规范与灵活。所谓大俗大雅，是指雅俗共赏，真正的大师，往往用简单的话语、家常的语言，就能说明白深刻的道理。演说者对“雅”的追求，意味着即使是讲述高深的道理、专业的知识，也要能够用灵活的方式以及合适的表达，让普通大众听得明白。

“说”的“道”可以从以下三个方面去提升：

知：是知识，认识。知识的获得，要有开放的视野，以及终身学习的态度。“问渠哪得清如许，为有源头活水来。”作为一名演说者，最基本的要求便是不断地学习新的知识和观念，不断地更新自己的知识结构和体系。

行：指的是行为，行动。生活的实践，知行合一。知易行难，演说者所讲的内容和道理，需要在生活中加以践行。道不远人，能够在生活中得到运用的道，才是真正意义上的道。

悟：指的是用心感悟，生发智慧。做一个热爱生活的人，带着一颗欣赏和发现的心，去发现和感悟生活，才能获得更深层次的智慧。这样的思想才更有生命力，这样的语言才更有感染力。

要出众，先出声

2005 年 4 月，我加入行动教育，一开始担任学习顾问、从事加盟商服务之类的后勤管理工作。我一直想着少说话，多干活。能不出声，就尽量少出声，尤其避免公众演说。尽管我之前已有过近 10 年的舞台演唱和主持的经验。

就这样默默无闻地干了几年，直到 2009 年，我决定内部创业，去青岛创办行动教育分公司。既然自主创业，我就得做招聘演说、员工培训，要去服务客户做内训，做推广活动、举办论坛，做演说推广我们的产品与服务、推广行动教育品牌。于是，我迫不得已上路，从此开启了我的行动式演说之路。

得益于演说能力的不断提升，慢慢地，我在行动教育的平台上发展得越来越好。创业之后，我又被调回总部，先后担任李践老师“赢利模式”课程的总教练、集团研发副总裁、“企业学习官”“企业大学模式”和“行动式演说”等课程的创始导师兼主讲导师。

我深切感受到：在职场上，要出众，先出声！你的想法要得到表达，你的主张要得到支持，你的成绩要赢得肯定，这些都需要你亲自发出自己的声音，也就是要在适当的场合，作出有感染力、有说服力的公众表达。

想成为一个优秀卓越的领导人，首先必须得有自己独特的管理思想，然后还要有将这种思想输出，影响团队、影响合作伙伴的能力，这种能力的很大一部分就是公众演说能力。在这个商业社会，不会演说的人也许有钱，但是会演说的人才真正值钱！

1. 演说力 = 成长力

尼克松曾经说过："如果让我重进大学，我将修好两门课，演讲和说服。"演说是如此重要，除非我们一辈子甘于默默无闻，甘于做永远的听众，甘于被人漠视，甚至甘于被人当成会说话的哑巴。否则，在人际交往中，尤其是对于职场工作人士来讲，自我介绍、项目推荐、员工培训、校园招聘、招商路演、竞聘述职、工作汇报、获奖感言等，任何一项活动，都需要公众演说。对于个人来说，演说能力不是可选，而是必备；不是特长，而是标配！

我们想要实现"十倍速成长"，如何才能做到呢？笔者以为，最好的学习方式，就是分享，越是分享，也就是能够做到将自己的所学教给别人，越能成长。只有这样，我们才更有动力去钻研和深入。

在每次演说前，我们都需要用心准备演说的内容，这是第一遍学习。演说的过程中，我们全力以赴地投入演说，这是第二遍学习。演说结束后，我们对演说进行及时的回顾和复盘，这是第三遍学习。听众听了一遍，我们自己学习了三遍。这样，每次演说下来，收获最大、成长最快的正是演说者本人。

2. 演说力 = 沟通力

关于演说，早在南北朝时期，文学评论家刘勰就这样总结过："一言之辩，重于九鼎之宝；三寸之舌，强于百万之师。"历史长河中，"晏子使楚""触龙说赵太后""诸葛亮舌战群儒"等知名的典故里，这些熠熠生辉的主人公都曾向我们诠释了：有一种力量叫作公众演说。

只要开口，就在演说，我们必须时刻准备演说。

我们一天的时间中，白天 80% 的时间在进行着各种形式的沟通。沟通能力的强弱，直接影响了我们的情绪感受和生活品质。演说是以一对多的沟通，在难度上，远远大于私下里的一对一沟通。一个能够在台上顺利进行演说的人，一定是一个沟通的高手。当我们提升了演说能力的同时，自然也就提升了沟通能力。

3. 演说力 = 销售力

美国成功学潜能激发大师安东尼·罗宾曾经说道："我愿意花 1000 万获得一种能力，那就是公众演说的能力。因为我知道，一旦我拥有这种能力，我就会轻而易举地成为亿万富翁。"

一对一的个体户式销售，效率实在是太低了；一对多的批发式演说销售，效率实在是太高了。提升演说力，尤其是提升站在台上进行销售型演说的能力，对于一个人销售能力的提升至关重要。一个好的销售人员未必是一个好的演说高手。但一个好的演说高手，一定是一名优秀的销售员，因为他首先需要销售的就是他自己。

4. 演说力 = 感召力

请你思考一个问题：这个世界到底是被什么样的人在影响和改变？

你会怎么回答？答案是有钱人？还是有权人？

行动式演说的观点是：真正影响和改变世界的，是那些有思想，还会演说的人！

丘吉尔说过："你能面对多少人说话，你就能取得多大的成就。"一个公众演说能力强的人，无疑会获得更多机会，工作沟通更高效，更具有领袖魅力。

在中国，孙中山先生弃医从政，通过演说宣扬他的"三民主义"的思想，感召仁人志士募集革命资金，揭开了中国资产阶级民主革命的序幕，进而改变了中国和中华民族的命运，成为令人尊敬的一代伟人。

在美国，林肯在葛底斯堡的演说、马丁·路德·金的演说“I Have A Dream”，改变了美国历史和社会的进程，也让他们成为美国历史上名垂千古的魅力领袖。

现代商界，中国的阿里巴巴主要创始人马云，美国的苹果公司联合创始人乔布斯，他们也都是通过演说，让世界听到他们的商业思想，用他们的思想改变了人们的生活方式，改变了世界，从而赢得人们的尊敬，奠定了他们在商界崇高的声誉和口碑。

行动式演说模型

我们提倡的行动式演说具有一套实效方法论。行动式演说认为，演说的效果分为四个阶段（如图 1-1 所示），开始是“敢说”，进阶到“说好”，再到“说服”，最后是“说动”。对于没有演说基础的人而言，行动式演说为学习演说者指明了一条清晰的学习道路，将演说的学习活动变得更加简单和易操作。只要按照这四个阶段一步一步来，能力的成长将是显而易见的。而对于有一定演说基础的人来说，则可以根据自己的实际情况，确定自己所处的阶段，然后再有针对性地进行学习和训练，确保学习效果的最大化。

1. 敢说——大胆开口

敢说，就是敢于上台，敢于面对大众，敢于大声开口。

敢说是演说的第一步。自信源于张开嘴巴，从大声讲话开始，从突破内心的恐惧开始，从放下面子开始。

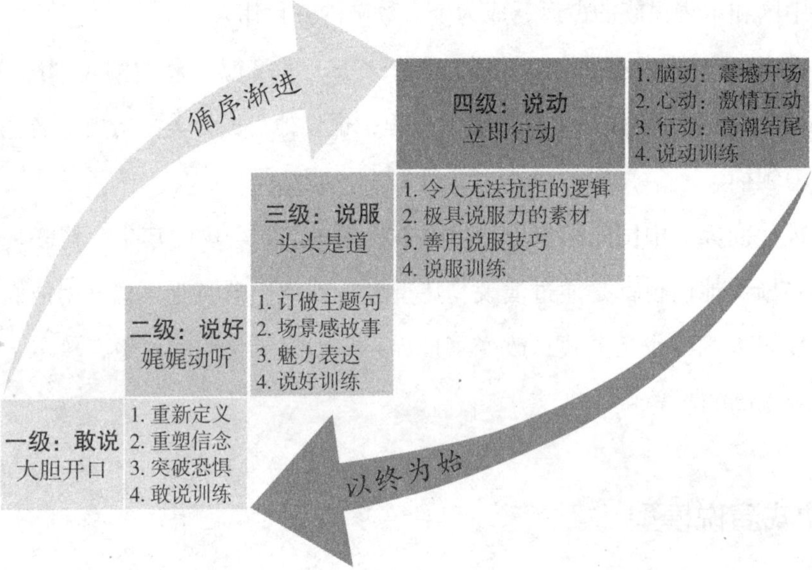

图 1–1　行动式四级演说模型

行动式演说在“敢说”这个阶段，设计了三大内容：重新定义演说，正确认识演说的价值，了解行动式演说的四级模型。在此基础上，一方面将正确的演说信念植入我们的内心；另一方面，对恐惧进行科学的分析，并给出突破的方法。

2. 说好——娓娓动听

说好，也就是说清楚说明白，让听众不仅仅知道你在说什么，想达到什么目的，而且还喜欢听，愿意听你说下去。

说好是演说的第二步。如何才能说好呢？行动式演说在“说好”这个阶段，设计了三大内容，包含订做主题句、讲场景感的故事、富有魅力的表达，从而把故事演绎得更加精彩。

3. 说服——头头是道

让听众明白你所说，同意你所说、接受你所说，这就需要说服。

说服是演说的第三步。这个世界上有两件事情是最难的：一个是把我们的思想装入别人的脑袋，二是把别人的钱装入我们的口袋。如何才能有效地说服别人呢？行动式演说在“说服”这个阶段，教会大家如何设计令人无法抗拒的说服逻辑，如何应用有说服力的素材，如何运用有说服力的技巧。

4. 说动——立即行动

行动式演说的观点：演说的最终目的，是要影响他人立刻行动。如果你敢说，也说得很好，听众也被你说服了，但就是不行动、不改变，那还是等于白说。所以，公众演说的最高境界是要说动。

说动是演说的第四步，最终检验演说效果的是听众的行动。行动式演说在“说动”这个阶段，教会大家在演说的过程中，如何让听众脑动、心动和行动。

以上四个阶段的内容，是行动式演说的核心。学好了这四个阶段，不代表就是演说大师、演说高手了，这只是演说修行路上的第一步。所以，行动式演说最后提出“演无定法，说无止境”，让演说成为我们的一种生活方式，贯穿整个人生各个阶段。

综上所述，“行动式演说”是这样的一种演说训练方法论，它将演说分为四个阶段，再根据不同的阶段，设计了相应的内容和训练，并且还根据应用场景的不同，提供相应的模板作参考。行动式演说，帮助我们以终为始，循序渐进，以达到“开口就是演说”的境界。

“行动式演说”是一套高效的演说训练系统。十七年来，在培训行业独占鳌头的行动教育集团，用“行动式演说”这套系统作训练，培养了超过五十位国际国内顶尖的专家、导师，超过一千位企业内训师，同时，还有上万名企业高管受益于这套训练系统。

我们坚信，通过“行动式演说”这套系统的训练，同样能让你从不敢开口到口若悬河，从语无伦次到头头是道，让你的演说从干巴枯燥到声情并茂。让你因会演说而更有价值，让你因会演说而成为一个影响并改变他人的人，不论是在职场还是商场，都更令人喜爱，更受人尊敬，更具有领导魅力！

第二节　重塑信念

信念对于我们来说，它到底有多重要？

苏轼在《晁错论》中写道："古之立大事者，不唯有超世之才，亦必有坚忍不拔之志。"

苏格兰著名哲学家休谟曾经说过："人生由习惯和信念决定。"

世界第一潜能激发大师安东尼·罗宾说："信念就像指南针和地图，指引出我们要去的目标。一个没有信念的人，就好像缺少马达和航舵的小汽艇，无法前进一步。"

人生必须要有信念来引导，信念让我们明确人生的意义，认准人生的目标，指引我们人生的方向，鼓舞我们去追求、去创造理想的人生！

信念决定人生

坚定的信念是生命最强的支柱，它能使我们在黑暗中找到出路，能让我们在绝境中看到光明。

信念是蕴藏在心中的一团永不熄灭的火焰，即使身处逆境，亦能帮助我们扬起前进的风帆；即使遭遇不幸，亦能召唤我们鼓起生活的勇气。

信念是一种强大的、内在的精神寄托，是支撑人的灵魂、支持我们奋斗一生的内驱动力。

人生一世，在生活的跋涉与事业的开拓中，往往不会一帆风顺。想要使人生从平平庸庸的生活中超脱，让生命发射出夺目的光辉，信念就是第一道光焰。信念是人的精神所在，没有信念的人，是精神上的贫穷者。对于每一个有梦想的人来说，树立积极向上的信念都是十分必要的。

1. 生命的两种思维模式

我们常说，选择决定命运。而决定我们如何选择的，是我们的思维模式。所以，学习演说，最首要的，并不是学习演说的技巧，而是从一开始就思考清楚：我到底要成为一个什么样的人？

有两种常见的思维模式，造成了两种完全不同的人生。

大多数人拥有的思维模式是："Having（拥有）—— Doing（做）—— Being（成为或是）"。比如说，我想成为一个演说高手，我认为应该先拥有演说高手所需要的条件，然后再去努力做演说高手应该做的事情，最后我才能成为一个演说高手。

这看起来是合乎逻辑的，但实际上这是一种低效甚至无效的心智模式。因为在这种思维模式下，人的努力受制于环境和外在条件的影响，一旦条件不具备，行动就无法继续下去。

而少数的优秀人士拥有的思维模式却是："Being（成为或是）——Doing（做）——Having（拥有）"。

意思是说，此时此刻就要让自己在认知上成为最想成为的那个人，然后再去像那个人一样思考问题，去做事情，最后拥有成为那个人的条件。这种做法的好处在于，我的行动不依赖于环境因素，而是强调了个人的主观能动性。我就是环境的主宰，我创造我想要的生活。

行动式演说主张：人在事前，事在人为。先让自己成为那个对的人，再去做对的事情，最后达成对的结果。

在这里，我们极力推荐给大家的是“Being（成为或是）——Doing（做）——Having（拥有）”的思维模式。

2. 技能的成功 = 信念 × 技巧 × 刻意训练

“成功”一直是人们热衷讨论的话题之一。

打开电脑网页、微信订阅号或朋友圈，有关成功的心灵鸡汤比比皆是。就像电影《后会无期》里面的一句台词：“我们听过无数的道理，却仍旧过不好这一生。”绝大部分的心灵鸡汤只注重调整心态，缺少具体的方法论。导致听起来很有道理，具体操作时，却不知如何下手。最后自然是只满足了大脑的需求，而没有产生实际的想要的结果。

要想学好任何一项技能，仅靠热情、天赋或努力是不够的，必须同时具备三个条件，它们依次是：信念、技巧和刻意训练（如图 1–2 所示）。

其中，信念是因，解决了“为什么（Why）”的问题；技巧是道，解决了“是什么（What）”的问题；刻意训练是术，解决了“如何做（How）”的问题。三者之间，不是相加的关系，而是相乘的关系。用一个三角形可以更直观地表示三者之间的关系。

信念，是一个人的内在驱动力，好比是汽车的发动机。信念从根本上影响着一个人训练的热情和持久力。所以，学习任何一项技能，一开始就要解

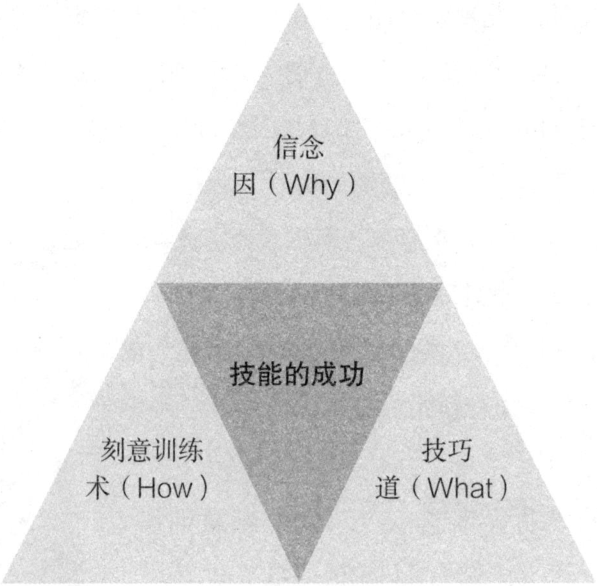

图 1-2　技能成功的“金三角”模型

决“信念”这个根本的问题。**行动式演说主张：极度渴望成功，愿付非凡代价。**

技巧，是一个人的知识体系，好比是盖房子前设计的蓝图。技巧直接影响一个人训练的表现和发展力。知识体系不健全或者不科学，会让接下来的训练变得低效甚至混乱。**行动式演说主张：教练的级别，决定选手的表现。**

刻意训练，是要求一个人付出足够的时间，重复练习，用心提升自我。刻意训练直接影响到一个人训练的实力和杀伤力。训练的过程，就是时间和精力浸泡、沉淀的过程，没有足够的量的积累，就达不到质变的效果。**行动式演说主张：聚焦专注，一万小时训练。**

3. 四“自”诀：自燃、自律、自愈、自省

按照“二八法则”，能够同时做到以上三个方面的人，都是那些 20% 的

少数人，成功者永远是少数人。为了能够让你成为那为数不多的20%的少数人，在这里，分享一个我坚持了近20年的四“自”诀：自燃、自律、自愈、自省。

“自燃”指的是自动自发。提高自我认知，不需要受到别人的影响，积极主动，自己把自己“燃烧”起来。

我们都知道，水有三种状态，零摄氏度以下是固体的冰，常温常压下是液体的水，一百摄氏度或者说当水达到沸点时是气体的水蒸气。其实，人也有三种状态：自己燃烧自己的“自燃”；经过别人的影响而改变状态的“可燃”；怎么也影响不了，我行我素的“不燃”。为数不多的20%的成功者，都是能够“自燃”并且“燃他”的人。

“自律”指的是自我管理。能够做到自我约束，不需要外在的、他人的管理或监督，也能做好自己应该做好的事情。

自律是以积极而主动的态度，去解决人生痛苦。自律是强者的本能。那些不放纵、不沉沦，拥有强悍自我主宰能力的人们，终有一天会在自己所在的领域里，做出非凡的成就。

距离成功越近，越是路广人稀，因为能够坚持下去的人并不多。自由不是随心所欲，而是自我主宰。自律者，得自由。不自律的人，就是欲望和感情的奴隶。如果你不能接受自己的平庸，那么请从自律开始，改变自我。

“自愈”指的是自我疗愈。能够觉察到自己情绪的变化，并及时通过正确的方式进行压力的释放和心态的调整，始终保持健康、积极的心态。

情绪ABC理论告诉我们，事情本身不会影响人，人只受对事情的主观看法的影响。所以，我们要做的就是增强自己的钝感力，提升自己的抗干扰能力，实现从自我觉知到自我降伏，再到自我徙善的良性循环。

“自省”指的是自我反省。曾子曰：“吾日三省吾身。为人谋而不忠乎？与朋友交而不信乎？传不习乎？”一个懂得自我反省的人，才是一个能够不断成长进步的人。

所以，我们要养成自省的习惯，及时发现自己的优点和不足。对于优点，继续发扬，再接再厉；对于不足，及时改进，亡羊补牢。

演说的三大信念

1. 开口信念：只要开口，就在演说

演说的第一个信念是“开口信念”。“开口信念”的完整表达是：“只要我一开口，我就开始演说。只要我一说话，我就开始成交。”

之所以把“开口信念”作为演说的第一个信念，是因为演说要用嘴，我们的思想、情感都是通过言语来表现的。心里想什么，必须用嘴才能表达出来，别人才能理解。正如《鬼谷子·捭阖第一》中所说：“口者，心之门户也。心者，神之主也。志意、喜欲、思虑、智谋，此皆由门户出入。故关之以捭阖，制之以出入。”

对于“开口信念”，我们可从以下三个方面去理解：

（1）开口即演说

同样是开口，普通人是在说话，演说者是在演说。

就像一个优秀的猎人在丛林里寻找猎物时，不会轻易开枪一样。一个受过专业训练的演说者，在公开的社交场合不轻易开口说话，但是，只要一开口说话，就要按照演说的标准，一定要达到口吐莲花的效果。这就要求我们在日常的生活中做一个热爱生活的人。

如何做呢？四个关键词：心看、脑思、手写、嘴说。

心看：“生活中不缺少美，缺少的是发现。”多用心去观察，以获得新的发现。

脑思："学而不思则罔，思而不学则殆。"多用脑去思考，以获得新的收获。

手写："好记性，不如烂笔头。"多用手写总结，以获得新的灵感。

嘴说："越分享，越成长。"多用嘴来表达，以获得新的成长。

（2）成交是目的

NLP（Neuro-Linguistic Programming，神经语言程序学）关于沟通的观点是这样的：沟通的意义在于对方的回应。

这意味着，沟通的效果不在于我们说了什么，说得有多棒，而在于对方实际听到了什么，感觉怎么样，会有什么样的回应。也就是说，我们自己说什么并不重要，对方真正听到了什么才很重要。

演说是"以一对多"的沟通，同样也符合这一观点。这就要求我们在说话的过程中，要关注对方的感受，站到对方的立场上考虑问题，这样才能把话说到对方的心里去，才能最终达到说话的目的。

如何做呢？四个关键词：发心、真情、逻辑、坚信。

发心："不忘初心，方得始终。"扪心自问，我们演讲的发心到底是什么？

真情："真感情，就是好文章。"演讲有没有用心，听众能感受得到。

逻辑："逻辑 = 说服。"主动进行有意识的专题训练，以提升自己思考问题的逻辑性和语言表达的逻辑性。

坚信："因为相信而看见。"坚定不移地相信我们所相信的，并把这种相信传递给听众。

（3）自信是前提

自信是做好任何事情的首要条件，当然也是演说的前提。

一个不自信的人，是没有能量和影响力的。一个不自信的人说出的话，连自己都不相信，又怎么能让听众去相信呢？一个相信自己的人，才能相信别人。当一个人有信心时，通常意味着他对自己的感觉相当棒。

人们大多愿意和那些自信者相处，因为在耳濡目染中，会让他们对自己也增长信心，这就要求我们“永远拥有毫无理由的自信”。

如何做呢？四个关键词：大声、微笑、军姿、晨读。

大声：“自信从大声讲话开始。”从现在开始，凡是有说话的场合，把我们的声音放大三倍，看一看，效果有什么样的不同？

微笑：“世界上最无法抗拒的微笑，就是婴儿般的微笑。”微笑也是需要训练的，向空姐、模特、礼仪小姐们学习微笑训练。每天对着镜子，嘴巴里含一根筷子，露出八颗牙齿，笑到自己满意的位置，坚持住，让面部肌肉形成记忆。

军姿：“腰杆子里出气质。”挺胸、收腹、腿站直，气质马上多三分。每天坚持练习站军姿，训练自己挺拔的身形。

晨读：“拳不离手，曲不离口。”选择经典的诗词古文、优美的文章或演说辞，作为训练自己口才的素材，熟读成诵。

2. 价值信念：我的演说价值千万

演说的第二个信念是“价值信念”。“价值信念”的完整表达是：“我的形象价值千万，我的思想价值千万，我的演说价值千万。”

什么是价值呢？简单地说，就是有意义。用电视剧《士兵突击》里面许三多的话来说：“做有意义的事，就是好好活着。好好活着，就是做有意义的事。”

演说者对“价值”一词更要心生敬畏，因为生命是用时间构成的，演讲是需要占用别人的时间的，如果不能给听众“价值”，我们就是在“谋财害命”，就是在“犯罪”。

对于“价值信念”，我们可以从以下三个方面去理解：

（1）我的形象价值千万

有一本畅销书《你的形象价值百万》，证明了形象对于每一个人的重要性，形象不只是美丽，更是一种综合的全面素质，是帮助我们打开成功之门的一把钥匙。对于演说者而言，“形象”的价值需要再放大十倍。所以，我们提出“我的形象价值千万”，就是为了强调“形象”对于一个演说者的重要性。

“形象”是听众没有听你演说的时候所能够“看到”的。具体说来，个人的形象包括六个方面，分别是仪容、表情、举止、服饰、谈吐和待人接物。这六个方面给我们明确了如何具体地提升自己的形象，我们需要做的，就是有针对性地学习和训练，让自己的形象不断地得以提升。

（2）我的思想价值千万

人与人之间最大的差别，不是外在的各种条件，而是内在的思维方式。思维方式的不同，造就了不同的人生。

思考是最艰苦的脑力劳动，绝大部分的人是不愿意思考的。所以，《孟子·滕文公章句上》中说：“劳心者治人，劳力者治于人。”也正是因为如此，对于演说者而言，拥有自己的思想，是一件难能可贵的事情。一个不善于思考的演说者，只是一个简单体力劳动者。勤于思考的演说者，拥有着最吸引人的智慧魅力。

道不远人，处处留心皆学问。正确的思想从哪里来呢？从实践中来，从生活中来。说我所做，做我所说，知行合一。“世事洞明皆学问，人情练达即文章。”持续提升自己思考的高度和深度，在生活中学会总结和提炼，逐步形成自己的思想体系和方法论，这将从根源上提升我们的演说水准。这样，我们才更有资格站在舞台上，能够从更高层面和更大范围上影响到更多的人，我们的演说也才更有生命力。

（3）我的演说价值千万

一个人是人才，未必有口才；一个人有口才，则一定是人才。

我在训练中经常说："不会演说，等于会说话的哑巴。""师者，所以传道授业解惑也。"

演说者，站在台上演说，就是在做"法布施"，是通过演说的方式，改变别人的命运。每一个人的未来都是不可限量的，都是无价的。一场好的演说，可以改变千千万万人的命运。

我一直记得，当年我的老师教导我说："教育工作者，要先让自己伟大起来，才有可能教育出伟大的学生。"带着这份神圣感、使命感和责任感，重新再来审视自己的演说，就会发现，我们的演说是如此的重要。

"认真，只能把事情做对。用心，才能把事情做好"。有了这样的信念加持，对我们在演说上也提出了更高的要求：要求我们用心对待每一次演说的训练，用心对待每一次登台演说，用心对待每一位听演说的听众。用生命的力量，去争取和珍惜每一次上台演说的机会。

3. 感召信念：无感召，不开口

演说的第三个信念是"感召信念"。"感召信念"的完整表达是"人生无处不感召。要么感召，要么被感召。提升感召力最有效的途径就是演说"。

"感召"的字面意思是感动自己，感化别人，激发他人理想，召唤他人自愿采取行动。

感召是引发群体活动的重要力量。从古至今，几乎每一位扬名天下的重要人物，都是优秀的感召者。中国古代的圣贤更是尽其一生，用心感召。

孔子在《论语·为政》中说："为政以德，譬如北辰，居其所而众星拱之。"推行政治，要借助德，德犹如北斗之星，它的地位通过其他星辰烘托维系。

这不就是通过德的感召而让众人追随吗?

对于演说而言，就是要让听众因为听了我们的演说，在思想上受到触动，而有所觉悟。“感召”的真正意义，是通过理想来启发并印证。

感召力 (charisma) 亦称“领袖气质”，是指个人具有的一种人格特质，尤指那种神圣的、鼓舞人心的、能预见未来、创造奇迹的天才气质。具有这种气质的人，往往对别人具有强烈的吸引力，并能受到群体的拥护。

对于“感召信念”，需要从以下三个方面去理解:

（1）人生无处不感召

生活中无时无刻不在发生感召，只是在大多时候，我们没有察觉而已。我们要考大学，是因为被社会、父母和老师感召；我们要追求成功，是因为不断被成功者感召；我们要克服坏习惯，是因为被好习惯所感召；我们要学习演说，是因为被好口才所感召。我们都是生活在感召的世界里。人生是一场感召游戏，我们每一个人也都在用自己的生命活力来感召身边的人。

（2）要么感召，要么被感召

这是一个感召的世界，只要你不是一个人与世隔绝地独居，你要么感召别人，要么被别人感召。感召需要感情，真感情是一种付出与奉献的态度，是一种心地无私的情感。以生命感召生命，用生命感召每一天，这是我们对自己的承诺。

（3）提升感召力最有效的途径就是演说

感召是一种能力，是影响和改变他人心态和行为的能力，是激发他人自愿行动的能力。而提升感召能力最有效的途径，就是演说。

通过演说，我们可以对听众的人生产生深远的影响。为什么会这样呢?原因有以下三个:

首先，演讲的时候，我们是站在舞台上的，而听众是坐在台下的。地理位置的不对等，让我们在说话的时候，拥有了更多的能量和影响力。

其次，演讲的时候，我们通常是拿着麦克风，麦克风在会场里，通过音响的扩音作用，让我们说出来的话，不管是在音量上，还是在气势上，都不同于私下里一对一的谈话。所以，我们说，在会场里，谁拿有话筒，谁拥有话语权。

最后，演讲的时候，一般演说者只有一个人，而听众则是少则几十人，多则成百上千人。在会场氛围下，人会产生群体趋同效应。积极的，会影响不积极的；坚定的，会影响观望的；热情的，会影响冷漠的。

综合以上三点，可以肯定地说，演说力就是感召力。而想要提升感召力，最有效的途径，就是上台进行演说。

第三节　突破恐惧

假如现在让你去演说，你会有什么样的反应？是宁死不说？是紧张发抖？还是张口结舌、目瞪口呆？乃至忘词卡壳？

这样的反应，说明你的心中满是对演说的恐惧。如果是这样，那也完全正常！要知道，几乎所有人都有或多或少的演讲恐惧症，即使那些演讲能力优秀的人，仍然会感受到演讲的恐惧。

恐惧分析

1. 人人都恐惧演说

美国作家、演说家马克·吐温说：“在公众演说的舞台上，只有两种人：紧张的和假装不紧张的。”

有人用这样一个段子来形容对演说的恐惧：在葬礼现场，有些人宁愿做那个躺在棺材里的人，也不愿意做那个站在棺材前致悼词的人！宁愿死，也不愿当众开口！

事实也确实如此。西方的相关机构曾经作过多次调研，最后发现：人类感到最恐惧的事情，竟然是公开演讲，而且排在了死亡前面！

锤子科技 CEO 罗永浩，我们每次看到的都是他在台上侃侃而谈，演说如行云流水，幽默风趣。但是，在一次记者的采访中，谈及他人生中感到最苦难深重的事，他竟然说是登台演讲，他甚至很认真地在镜头前说："如果可以不用公众演说，我宁愿少活 5 年。"

我们很多人日常聊天伶牙俐齿、妙语连珠，可一到公众面前，就会面红耳赤、结结巴巴，不能痛痛快快吐出一个完整的句子。

讲一个发生在课堂上的真实案例。记得有一次，在我的"企业学习官"课堂上，有个学员上台做方案展示。在解说的过程中，她全身都在发抖——腿在抖，拿激光笔的手也抖，声音也在抖。最后，方案展示完，她全身瘫倒无力，她的小伙伴将她抬了下去。

在那次课堂上，我也吓得全身发抖！我想起学员们的评论："上别的老师的课只是要钱，上汤老师的课要命！"那一次，我特别担心这位学员会因为对公众演说的恐惧，而产生不良反应。好在后来这位学员回到座位上就不抖了，她说："第一次当着那么多的人讲话，吓坏了！"

人们对公众演说的恐惧情绪是如此强烈而普遍，就连伟大的演说家丘吉尔也曾说："人生最难有三件事：一是爬上一堵正在倒向你的墙壁，二是去亲吻一个即将离你而去的姑娘，三是在众人面前演讲。"

2. 恐惧有理

人们为什么会恐惧演说？公众演说时为什么会头脑一片空白？为什么会发抖？

行动式演说：对演说的恐惧源于人的两个方面，首先是人的原始本能反

应，其次是人性的弱点——要面子，怕丢脸。

我们知道，在原始社会，人一旦落单是很危险的。落单无外乎是这样的两种情况：要么是落入了异族部落，要么就是被野兽围攻。

不管是哪一种情况，都是一个人要面对很多人的围攻或围观。想象一下，那么多双陌生的甚至带着敌意的眼光，聚焦在你一个人的身上，这时候人的本能反应就是兴奋或紧张。紧张本身也是一种能量！这种能量的来源是身体分泌的一种叫多巴胺的神经传导物质，这种能量促使身体做好两种准备：要么拼，要么逃！

人在要打要拼或者要跑、要逃的时候，血液都是流向四肢，这个时候大脑就会出现因供血不足而缺氧；而且随着多巴胺的快速分泌，流向四肢的血液流速也加快，人就迫不及待地无法控制地要行动！

我们再回到演说的场景：你一个人站在台上，四周都是目光，有期待的，有欣赏的，有冷漠的，也许还有想看你笑话的，简直就是原始社会人落单时的那一幕重现！

但是，你现在是站在公众演说的讲台上，虽然本能提醒你要跑、要逃，但是理智控制你不能跑，又不能逃。那怎么办？那只能任由血液向四肢飞快地流动，大脑就缺血缺氧、一片空白，加上多巴胺在你的全身产生化学反应，导致手抖、腿抖、声音抖！这就是人们恐惧公众演说的第一个原因——人的原始本能反应。

恐惧公众演说的第二个原因，是人与生俱来的弱点——要面子，怕丢脸。

我们为什么不敢公众表达？是因为怕说错被指责，怕说砸被笑话——被指责，会没面子；被笑话，太丢脸。与其被人指责，被人笑话，不如看人被指责，被笑话。于是，就索性安静地做个美男子、美女子。从此以后，在你的思维里，你为自己关上了演说的大门。慢慢地，你就变得默默无闻。

因此，演说的第一关就是敢说，敢说的第一步就是要突破恐惧。

突破方法

了解了人们对于演说的恐惧，以及这恐惧背后的原因，我们又要如何克服障碍，突破恐惧，做到敢说呢？

结合我自身近20年的舞台演唱、演讲和主持的经历，加上10多年来做内训师、教练的经验，探索出“行动式演说”突破恐惧的四个实效方法。

1. 提前释放紧张能量

通过前面的分析，我们了解了人们恐惧演说背后的原因，是一种人的原始本能的紧张。这个紧张其实是一股能量！这股能量如果没有得到有效控制，就会在不恰当的时候不恰当地爆发，也就是当你站上演说的讲台，它会让你全身发抖！基于此，我们可以做到提前释放紧张能量。具体来说，有如下办法：

（1）提前走场

提前到演讲的场地，熟悉观众的位置、舞台的位置、灯光音响的效果、激光笔的使用、PPT的播放等客观情况。

对于我而言，每一场课程或演说开始之前，不论到达场地多晚，我一定要先去会场熟悉环境，讲我的开场白试试音效，而且一定会请音控师播放我的专属上场音乐《襟裳岬》。我会反复走台，找到起步的最佳地点，直至与音效完美配合。这样，到第二天正式上场的时候，我就完全熟悉了现场环境，一点都不紧张了。

（2）提前与听众互动

演讲之前，提早至少10分钟到达会场，与前排或熟悉的听众先互相问好、握手寒暄，在这个过程中提前释放紧张能量。

（3）提前热身

在听众还未进场之前，我们可以在场内小跑。男生可以做做俯卧撑，女生也可以适当做做肢体的伸展运动，或口中念念有词，比如开场白，比如能暗示最佳状态的咒语等，这些也都有助于你提前释放紧张的能量。

2. 焦点转移释放压力

前面我们分析了人们演说之所以会紧张的第二个原因，是因为要面子，怕丢脸。

面子哪来的？是听众的喝彩与掌声给予的。

如何才能赢得听众的喝彩与掌声？你要讲得好，有真材实料；要表现得好，有真情实感；要与听众互动得好……于是，你将所有的焦点都聚焦在自己身上：自己的形象、自己的声音、自己的内容、自己的手势……自己的一切，关注点往自己身上加得越多，越顾此失彼，患得患失，就越紧张。

针对这种情况，我们要做的，就是焦点转移：

（1）从自我转移到听众

从走进场内的那一刻开始，不管是台上还是台下，忘掉自己，只有听众——眼睛看到听众的表情和笑容，耳朵听到听众的掌声与回应，心里想着听众的问题与期待，一开口都是听众所关心的，把焦点全部放在听众上。

比如，请你来给销售团队分享你成为销售冠军的经验。

如果是初次作这样的演说，也许你会紧张会恐惧。对自己的成功经验，一下子也不知道从哪里说起。但如果转移焦点，不谈你自己的经验与成就，而是一开口就是听众所关心的：

作为一名销售人员，成为一个销售冠军是不是你的梦想？

销售过程中，你是否经常为找不到客户名单而烦恼？

去拜访客户，你是否为客户不见你而担心？

要求客户打款，你是否为遭到拒绝而害怕？

……

一开口，焦点都是在听众身上，这会有助于减轻刚登台时的紧张。

（2）从我的“感受”转移到我的“内容”

我的“感受”是什么？可能是紧张，可能是激动，可能是兴奋，我们将它尽量转移。转移到我今天讲什么，讲哪几个点，讲什么故事，讲什么方法。焦点从我的“感受”，转移到我的“内容”上。

比如，我今天来给大家分享“行动式演说”的系列课程，我着重讲的内容有“敢说”“说好”“说服”和“说动”四大模块，每个模块对应不同的知识点、训练方法与应用场景……

这就是把焦点放在内容上。

（3）从我的“表现”转移到听众的“收获”

原来的我很在意自己的表现：我的形象、我的手势、我的声音技巧等，转移到观察听众在记录什么，听众听到什么眼睛在放光，听到什么后笑容舒展了。把焦点从我的“表现”，转移到听众的“收获”。你会发现，当焦点发生转移的时候，你做到忘我的时候，你也就完全忘记了紧张害怕这回事了。反过来，你越放松，就会讲得越流畅。讲得越好，听众对你就越认可。掌声不断，喝彩不断，你就觉得更有面子。

3. 讲自己独一无二的故事

先和大家分享一个真实的案例，我认识的一位讲“大营销管控”课程的陈军老师，在生活当中，他非常腼腆，有时还会有一点可爱的小结巴。

但是，听过他课程的人都知道：只要走上讲台，陈老师就变得侃侃而谈、口若悬河、激情四射。为什么呢？因为陈老师是顺丰集团的原营销副总裁，他在销售行业打拼了将近 20 年，不管是做一线的销售员，还是做销售管理，他都有自己独到的一套体系管理，以及很多成功的管理经验。所以，他站上台演讲的时候，他哪里是在讲课，他只不过是在说他自己当年所做的。

由此可见，说自己的故事，说自己所做的事，会让你在台上底气十足。作为一个随时准备演讲的高手，要善于总结整理自己的故事，尤其是自己的百搭故事。

比如，我有一个百搭故事，是关于我 7 天之内，飞了 4 个城市，为 3 家企业进行服务的故事。我既可以用在“100% 担当责任”的主题内训，又可以用在客户服务方面的课题，还可以用在时间管理方面的课题。所以，请整理你的百搭故事，这样的百搭故事至少要有 3 个。

4. 送礼物的心态

有两本书推荐大家阅读。一本是彼得 · 迈尔斯的《高效演讲》，这本书当中谈到一个重要的观点：公众演说应该是来送礼物的，当你抱着一种送礼物的心态来进行公众演说，你会自信很多！还有一本是克里斯·安德森的《TED 演讲的力量》。很多来 TED 演讲的人都是第一次作公众演说，为什么他们的第一次表现就那么出彩？因为 TED 硬性规定，来这演说的内容都必须是能让听众启迪思想、净化灵魂、升华品格的内容，能够影响并改变世界的新思想、新发现、新观点、新方法。

当带着这样一种启迪帮助他人、奉献社会的心态作演讲时，你的自信就会大大增强！这种送礼物、作贡献的心态，在日常公众演说的场合很多。比如，校园招聘是给同学们送一次好工作的机会；员工培训是来给他们送能力提升的妙方的；招商会是给加盟商送如何多赚钱的机会等。

抱着送礼物、作贡献的心态上台演说，能帮助我们突破恐惧，增强我们的自信心。

鲁迅先生曾在《记念刘和珍君》里说过："真的猛士，敢于直面惨淡的人生，敢于正视淋漓的鲜血。"当然，现在的和平年代，不再需要直面惨淡的人生，正视淋漓的鲜血。我想说的是，我们依然需要的是勇敢的猛士。真正的勇敢，不是没有恐惧，而是带着恐惧前进。在过程中，把恐惧降到最低。生活中，我们需要做一个勇敢的猛士，才能让自己的人生过得更加精彩。演说中，我们需要做一个勇敢的猛士，才能让自己的演说水平持续提升。

在演说这条路上，让我们一起怀揣着本能的恐惧和不甘平庸的梦想，唤醒心中的巨人，活出真正的自己，勇敢地迈出第一步。在实践中学习，在总结中进步，在分享中成长，在演说前进的路上，修炼为演说家遇到最好的自己。

第四节　敢说训练

前面在谈演说信念时提到，拥有无比的自信是敢于公众演说的前提。如何让自己变得自信，我们在这个训练章节，提供大家两个实操的方法。

自我优势确认

自我优势确认 = 我是谁 + 做什么 + 凭什么 + 信心加持

我是谁：也就是成功者思维模式中的“Being”。通常是对自己的定位，可以表现为特质、能力、角色的描述。

例 1：我，汤筱君，是一个自信、担当、有魅力的女人。

例 2：我，杨延光，不找任何借口的员工训练总教头。

做什么：通常是指你的优势、特长或擅长。

例 1：我非常有信心做好“行动式演说”这门课程。

例 2：我非常有信心做好“执行·军魂”的内训课程。

凭什么：通常是指你的经历、经验、权威认证、口碑。

例 1：因为，我有多年的舞台演唱、演讲和主持经验，而且我做主导在多场演说训练、内训师训练中，都取得了成功。

例 2：因为，我出身军人家庭，从小受到军人作风的熏陶，而且我做主导在多场“执行·军魂”的内训中，获得了客户的一致好评。

信心加持：通常表述为对优势的再次确认。

例 1：我坚信，我的课程一定能帮助大家突破演说恐惧，提升演说技能，增强个人魅力。

例 2：我坚信，我的训练一定能将军魂融入团队成员的血液，提升团队的执行力。

一个完整的自我优势确认如下：

我，汤筱君，是一个自信、担当、有魅力的女人。我非常有信心讲好“行动式演说”这门课程。因为我有多年的舞台演唱、演讲和主持经验，而且，我在多场演说训练、内训师训练中起主导作用，都取得了成功。我坚信，我的课程一定能帮助你突破演说恐惧，提升演说能力，增强个人魅力！

请大家根据模板案例，提炼你的自我优势。

我，×××，是一个×××的男（女）人！我非常有信心做好×××的演说（分享）。因为×××。我坚信×××。

将自我优势进行提炼之后，背得滚瓜烂熟直至脱口而出。每次演说之前，大声开口自我优势确认至少三遍。这样的自我优势确认，有助于你大胆开口。

心法语言训练

提供给大家的第二个实战工具是心法语言训练，可作为日常突破演说恐惧的训练参考。

1. 我喜欢我自己

我喜欢讲话。我一讲话，就用手势表达。
我打开我自己。我的影响力，越来越大。
我喜欢我的声音。我的声音，富有磁性。
我发自内心。我的语言富有感情，有很深厚的感情。
我脱口而出。我的表达流畅自然，行云流水般自然。
我喜欢我自己。我对自己说：

我是最棒的！

我是最棒的！

我是最棒的！

2. 现在，我发出我的声音

现在，我发出我的声音！

它代表着我的心声，

我要让每个人都听到！

现在，我发出我的声音！

它代表我的态度，

我要让每个人都看到！

现在，我发出我的声音！

它代表我的热情，

我要让每个人都感受到！

我喜欢演说，我热爱演说，

我是天生的演说家！

我坚信，我一定做得到。

第二章

说好——娓娓动听

第一节　说好不容易

对于演说者而言，不但要说清楚、说明白，让听众知道你在说什么、想达到什么目的，而且还要能够说好，让听众愿意听、爱听你说下去。

演说三大现状

我们先来看一看在演说中常见的三种现状：

1. 焦点太多，不知所云

不知道大家有没有过这样的体验与感受：参加会议，听了半天不知道发言者到底想表达什么。一场演讲，演讲者都开讲了10分钟，甚至15—20分钟了，各种观点、概念一大堆，其中不乏幽默有趣的案例故事，但就是没让听众弄明白，今天演讲者到底要讲什么？他的这些前奏序曲与今天的演讲主题，到底有什么关系？

我们来看一个案例：刘总要求本周内，在所有部门主任都有空的情况下，开一个部门主任会议。让秘书联系一下各主任，然后汇报给刘总。秘书联系了一圈后，汇报如下：

张主任3点不能参加会议，王主任建议晚一点参加，把会放在明天也可以，但10点半不行，李主任说他出差明天较晚才能回来。对了，会议室明天已经有人预定过了，但周四可以用。

就是这样一个简单的工作汇报，如果你是刘总，是怎样的感受？安排一个会议，一没确定时间，二不清楚到底哪些主任能参加。因为秘书的焦点一会儿是张主任，一会儿是王主任，一会儿是时间，一会儿是会议室，而刘总只想要一个部门主任都能参加的会议。将这种情况放大到演说当中，就是焦点太多，不知所云。

2. 内容空洞，无法吸引人

通篇演说要么流水账式汇报，要么一堆空洞的大道理，或者是听众早已耳熟能详、烂熟于心的老生常谈，被无数演说者引用过的段子、故事，总之，给听众空、虚、飘、乏味的感觉，没有吸引力。

例1：一位企业领导在员工表彰大会上的演说节选。

各位家人、各位同仁：

大家好。

今天很高兴有这样一个机会与大家分享几句。我们企业好像一个大家庭，以它广博的胸怀，接纳包容了在场的每一位。你们家境、品性不同，年龄爱好不同，文化程度、社会历练、从业经验不同，但在企业中，我们就是一家人，你们都是企业的骄傲，都是企业的主人公！

不论是指挥若定的高管、勤勤恳恳的中层，还是默默奉献的普通员工，只要是为企业做过贡献的，我们都会记住你们！

例 2：一段获奖感言。

很荣幸被评为 2018 年度优秀员工，这是对我工作的肯定，也是对我做好今后工作的一种鼓励。最后，感谢公司、感谢领导、感谢同事。

听完以上两段，不知道各位是什么感受？我的感受就是：打官腔、说套话、不真诚！后面再说什么，我都不愿意再听下去了。

3. 表达死板，说了白说

这个是关乎演说的表达技巧。如果一成不变地念演说稿、念 PPT，演说者在台上，没有声音的变化、没有肢体的配合，语言也是平淡无奇，甚至整场演说都是面对大屏幕背对听众，这无异于一台会呼吸的复读机。时间长了，听众很容易走神。听众都走神了，不在你的演说频道了，即使内容再精彩，我只能给你四个字：说了白说。

两大后果

以上三种情形的演说，只会带来两大后果：

第一，听众反感，听不下去。没有谁愿意浪费时间与精力，来听一场对自己毫无价值的演说；没有谁愿意来到一个公众场合，被台上的人无聊地催眠；更没有谁愿意来听一通没有情感、没有真诚的官腔套话。而且，这样的演说带来的后遗症就是：谈虎色变。一听说是某某的讲座、演说，就会摆手带摇头："不去，不去。要去你去！"

第二，自信受挫，再也不说。对于演说者本人来说，后遗症更严重。"一朝被蛇咬，十年怕井绳。"好不容易鼓足勇气建立的一点自信心，从此荡然无存，公众面前不再开口。

三大原因

综合以上现状及后果，作出分析，一场演说失败或者说不好的核心原因，主要有以下三点：

第一，主题不突出。说白了，就是这场演说的目的不明确、中心思想不突出。一场演说结束，大家不知道到底讲了些什么、记住了什么。

第二，素材枯燥单一。除了空话套话，或者 PPT 上大段的文字，几乎没有别的具有冲击力的素材。

第三，表达机械死板。演说缺少情感，比如声音的变化、肢体的配合以及恰当独特的语言表达技巧。

如何才能让你的演说娓娓动听，不但让大家听明白，还让听众欲罢不能、一直想听下去？

先要思考：什么样的演说你会认为是一场好的演说？有激情的？有价值的？打动人心的？幽默风趣的？都对！因为只有这样的演说，人们才会听得下去。所以，好演说的前提是说得好。

说好的三大标准

《行动式演说》定义一场演说有没有说好，有以下三大衡量标准：

标准一：听得懂。听众听得懂你所说的吗？

标准二：喜欢听。听众喜欢听你所说的吗？

标准三：记得住。曲终人散，听众记住了你所说的吗？

要达到这三大标准，我们将提出说好的三大核心要素。这三大核心要素分别是：订做主题句、场景感故事、魅力表达。

第二节　订做主题句

1963年8月，在林肯纪念堂的台阶上，马丁·路德·金说出了那个时代最深刻的一句话。在社会动荡和文化巨变的情境中，他把自己乐观的信念告知这个国家和这个国家的人民。

直到今天，这句话依然释放着一种深入骨髓的力量，任何时候听到这句话、这篇演说，都会令人热泪盈眶。这个简单的句子，这个闪闪发光的句子，就是“我有一个梦想”。

50多年前，马丁·路德·金在他那篇3000多字的演说中，反复说出这句话，这句话，是这篇著名演讲的主题句，也是全球为社会公正而战的所有战斗的主题句。

主题句原则

主题句，就是一场演说的“灵魂”，承载着一场演说的主题和中心思想，通常表现为演说的标题、核心观点，或演说中反复出现的重点句。突出主题最好的方式，就是订做一个令人难忘的主题句。

演说中的主题句，犹如一枚定海神针，犹如一场音乐会中的低音鼓，为完成一场精彩的演说奠定了基础。同时，不断地重复主题句，还能和听众维持一种稳固的联系。当你围绕一个主题句展开演说时，会消除一种不信任的预感，带给听众一份坚定的力量从而赢得听众的尊敬。

利用主题句的重复，强化演说效果的，除了马丁·路德·金的旷世演说“I Have A Dream”，其他类似的还有毛泽东的“星星之火，可以燎原”、奥巴马的“Yes We Can”、俞敏洪的“在绝望中寻找希望”、莱温斯基在TED舞台上演讲的“羞辱的代价”等。这些优秀的演说，主题句都非常明确。那些最优秀的演说家也往往会花上大量的时间，为他们的演说订做一个令人难忘的主题句。

订做主题句

如何确定你的演说主题、订做主题句呢？你可以先问自己以下两个问题：

第一，当结束演讲、听众离开时，我希望他们会在脑海中重复我所提出的哪个观点？

第二，我希望他们第二天会向同事朋友重复我的哪个观点？

行动式演说订做的主题句：影响他人，立刻行动。

在这里，和大家分享订做主题句时的三个技巧，让我们的主题句更加有力量。

第一，主题句不超过10个字。主题句不宜过长，太长记不住。短小精炼才有冲击力。最佳的字数是4—6个字，一定不能超过10个字。

例如：“相信的力量”“最后一次演讲”“命运的0.1秒”“和世界赌一次”

等，字数少，短句更有力量。

第二，用积极正面的语言表达。语言是有能量的，同样的意思，用积极正面的语言来表达，比用消极负面的语言表达，更容易让听众接受。

例如：“知行合一”换一种表达是“不要言行不一致”，哪一种表达更容易让听众接受？不言而喻，是“知行合一”。

第三，“四新”法订做主题句。可以用“四新”法订做主题句，“四新”指的是新发现、新方法、新观点、新成果。

新发现：以新发现来订做演说的主题句。比如：“重新定义时间管理”“这就是青春”。

新方法：以新方法来订做演说的主题句。比如：“90 销售系统”“人才复制三部曲”。

新观点：以新观点来订做演说的主题句。比如：“女人永远是最佳辩手”“企业大学让企业更伟大”。

新成果：以新成果来订做演说的主题句。比如：“无条件增长”“决胜终端”。

第三节　场景感故事

职业演说家阿卡什·卡瑞亚有一个观点，他认为，对人脑来说，故事有着不可抗拒的特性。比如每当我们听到“从前，有一座山，山上有……”的开场白时，大脑就会自发搭建起一个场景，开始跟着故事的进展，在脑海中构建起具体的图象与场景。

故事激活了我们的想象力，富有场景感的故事更是让人无法抗拒，让我们沉浸在故事构建的图象里。讲好一个场景感故事，是演说者赢得观众的倾听与理解的杀手锏之一。

什么是场景感

讲述一个场景感故事，能为演说者带来什么？让我们先来看一个案例。

这段演讲，发生在一次安全生产会议上，演讲人是生产主管，对象是车间所有生产工人，演说目的是阻止工伤事故的持续增加。

首先，我们假设这位主管不会讲场景感故事，他是这样说的：

安全是我们首先要关心的问题。但可惜你们在阅读我们的安全生产报告时却体会不到这一点。去年我们的事故率提高了18个百分点，为此而耽搁的工作时间增加了26个百分点。这是我们绝对不能接受的。我看到有人在应该佩戴眼罩的时候却不佩戴眼罩，我发现我们仓库的梯子不够安全。我们到处都可以发现懒散怠慢的现象，我们的员工缺乏安全生产的基本概念。现在我要告诉你们，这一切都该结束了，我不会再容忍这种对于安全生产漫不经心的态度，从这一刻开始，一旦我发现你们没有遵守安全生产的规则，我会立刻请你走人，不再给你们发工资。我不在乎我们有多忙，要么事故率恢复到我们可以接受的水平，要么我们走着瞧。

这段演讲带给我们什么感觉？这就是一场官僚式训话、指责、威胁。那么，这样的演说能引起工人们的共鸣吗？对阻止事故的持续增加有效吗？让我们换一种方式，假设这位主管是讲场景感故事的高手，他是这样说的：

看看周围吧，这里到处都是安全生产标志，但我肯定它们并没有真正起到作用。如果我们不遵守安全生产的规则，我们就是在拿自己的生命开玩笑。

王浩，我知道你爱打篮球，如果你的腕关节因为操作不当受伤了，你要投中一个三分球就困难了。

李波，我知道你和你的老婆周末喜欢去钓鱼，如果你的脚缠着绷带、步履蹒跚的话，你就无法划着小船在湖中行动自如、控制好浮标并钓到鱼了。

一旦你受伤，就意味着我得打电话给你所爱的人，告诉他们到诊所或医院来见你，告诉他们你病了，需要他们的照顾。我痛恨打这些电话，我痛恨把坏消息带给你的家人。从今天起，我不会再这样做了。因为：如果让我看见你们中的任何人没有遵守我们一致认可的安全注意事项，我就立即把你们遣送回家，然后由你们自己去向你的家人解释，为什么你丢掉了工作。我们的安全记录从今天将会被改写，因为，我想要让你们今晚以及每晚都能够安全回家。

这段演说的效果如何呢?

这段演说同样表达了不按安全规则操作引起的严重后果，并将得到的严厉处罚。但这段演说不会引起听众的逆反心理，它更容易让人接受与信服，因为这段演说用的是讲故事的方式，完全场景化，画面感十足。

听着这段演说，我们的脑海中甚至勾勒出这样一幅画面：被炒鱿鱼的员工脚步沉重地回到家，不得不向家人解释，因为自己不够重视安全规则，导致了这样的结果……

通过对以上案例的分析，我们很容易发现：讲场景感故事，是让演说从优秀走向卓越，从仅仅有用变成鼓舞人心的一剂良药。

故事使事实更加易于被人们接受，使呆板的形象、遥远的概念、空洞的道理变得亲切。它会让演说者的每个陈述，在听众心中变得生动。而且，故事式的演讲显得真实，显得更具有诚意。人们不喜欢听道理，但喜欢听故事；人们记不住事实，但记得住故事。

世界知名的演说平台 TED 的掌门人克里斯·安德森在《演讲的力量》这本书当中，总结了 TED 几十年来成千上百的演说者成功演讲背后的五大核心秘诀，第一点就叫“设计你的故事”，将故事演讲排在第一位。

新东方的创始人俞敏洪老师，他对演说讲故事的观点是：讲故事是一个人的核心竞争力！对于俞敏洪来说，新东方的创立和发展，就是一个不断说故事，把这个故事变成现实的过程。最开始的时候，为大家描绘新东方的美好前景，把王强、徐小平等人聚拢到一起，通过一个一个故事让大家充满信心，目标一致地往前进，直到最后新东方真的上市。

初学演讲，就算你什么都不会，但只要会讲故事，你就是一个好的演讲者。

讲故事在演说中如此重要，如何讲好一个故事呢？我们提出了两个步骤：一是设计故事；二是演绎故事。

设计故事：SCORE 法则

关于设计故事，我向大家推荐 SCORE 法则，按照这一法则，一个完整的、富有魅力的故事往往包含以下五大因素：

第一，S-situation，背景。指故事发生的时间、地点、人物、事件。在介绍背景时，要求全面、简洁。

第二，C-conflication，冲突。也就是我们说的情节反转。通常表现为认知的不和谐、逻辑的出乎意料。好莱坞电影为什么那么吸引人，就是因为冲突设计得好，而且冲突还一个接一个。

第三，O-option，选择。主人公通过分析、判断、思考、商量，作了一个什么样的选择，这个选择通常代表着价值观取向。

第四，R- result，结果。主人公作出选择后采取了什么行为，产生了一个什么结果，这也是对选择正确与否的一个证明。

第五，E-evaluation，评价。通过前面一系列事情的发生，得出了一个什么观点。

运用 SCORE 法则，我给大家讲一个真实的故事。

2018 年 4 月底到 5 月初，行动教育组织公司的导师、高管、业务标杆海外游学。这一年我们的行程安排是法国、意大利深度游。

我记得 5 月 3 日下午 6 点，我们到达佛罗伦萨并入住酒店。按照计划，晚上 8 点在酒店大堂有个导师会议，进行连日来的游学总结与分享。

我和另外一位老师住在二楼一个双人间。看时间还早，我拿出电脑开始工作。7 点 55 分，我的手机突然叮铃铃响起，是会议召集人通知我：准时参会。

于是，我准备下楼——手机在充电，就不用带了；我带上纸笔，拉开房门：往左几步就是消防门，往右是长长的走廊通往电梯。

我想：不就是一楼大堂吗？消防门出去走一层就到一楼了，我不假思索地往左。貌似很厚重的消防门轻轻一推，开了，我心里窃喜：8 点一定准时到达会议地点。很快，我走到了一楼，径直走到消防门前，拉门，没开？推门，还是没开？再拉、再推——消防门纹丝不动！也许门坏了？

我再次不假思索：回二楼去，乘电梯，应该还来得及！于是，我快步回到二楼消防门前：拉门，不开；推门，还是不开！

我的心里开始有些小担忧：千万别迟到啊！

别想了，快速上三楼，消防门前：拉门，不开；推门，还是不开！

陡然之间，一阵恐慌席卷我全身：国外的消防门真是防火门！我被困在楼梯间了！没带电话，如何求救？

突然，我想到了：不是在一楼开会吗？我再次下到一楼，使劲地持续地敲打消防门，期望门外有人听到声响，然而一阵徒劳，我瘫坐在楼梯上，这时候，电影里的一些场景陡然出现在我的脑海：

楼梯间的灯突然全黑，恐怖的脚步声由远而近传来，黑暗中有烟火在一闪一闪，映照着一个高大凶猛的西洋男人的面孔，不怀好意地盯着我这个弱小惊恐的小女子，我听天由命地闭上眼睛，在这个叫天不应叫地不灵的异国他乡酒店的楼梯间——天啦！越想越害怕！越想越恐惧，我猛地睁开眼——还好，灯一直亮着，我努力使自己镇定下来。

我想到了手上的纸笔，对！写“SOS”，一层一层地从门缝往外塞——一楼塞了，二楼写好塞了，到第三楼——谁知，写到第三张，笔没墨了！

那一刻我心想：我这是要客死他乡了吗？导师团就没人想到，汤老师接电话时说好了就下来的，怎么还没到呢？他们会不会继续打我电话？他们会不会派人去房间找我？

又想着会议已经开始了，大家不会因为一个老师的迟到或缺席而不开会，那么——等到他们会议结束，和我同住一个房间的老师发现我不在房间，然后到处找人、报警、兴师动众……算了，别想那么多了，还是想想如何自救、如何出去吧。

我拼命告诫自己：不要慌！不能乱！想办法，一定能出去的！不要捶门了，不要楼梯上下来回了，保存体力，积极想办法。

我再次来到一楼，站在消防门前，就在望门兴叹时，头下意识地往左一扭——突然，啊？还有一道门？我试着轻轻一推——感谢上帝，门开了，走出去一看，一片海阔天空，是酒店的后花园。

我如获大赦、死里逃生般猛走了几步，又猛地站定，长嘘一口气，辨认了一下方向，跌跌撞撞、失魂落魄地终于走到了酒店前厅大堂，导师们的会议正开着……

我惊魂未定地找了个位置坐下来，听着导师们的分享……当然，讲什么全没听进去，当轮到我的时候，我开口就是一句：出门在外，照顾好自己不给组织添乱就是最大的负责任！

看着大家莫名其妙的表情，我将刚才楼梯里惊魂的一幕描述了一遍，末了再次强调：出门在外，照顾好自己不给组织添乱就是最大的负责任！

我们用 SCORE 法则来分析一下这个故事：

S（背景）：国外酒店大堂、下午 8 点钟、导师团会议、走消防门下楼；

C（冲突）：消防门打不开、出不去、写 SOS 笔没有墨、恐惧的心理；

O（选择）：镇定、保存体力、想办法；

R（结果）：发现另外一扇门、安全走出困境；

E（评价）：出门在外照顾好自己不给组织添乱就是最大的负责任！

这就是讲好故事的第一步，利用 SCORE 法则设计故事。

演绎故事：场景感技巧

故事设计好了，还要有好的呈现，也就是讲好故事的第二步——演绎故事。如何将故事讲得生动，有场景感，有画面感，还需要一定的演绎技巧。

1. 多用比拟

比如，要描绘一幅春回大地的场景，可以这样说：“春天来了，春姑娘迈着轻盈的步子，春风宛若她纤细的手指，轻抚着每个人的脸庞……”用拟人手法将春回大地的场景，通过语言描述生动地呈现。

2. 连续用动词

前面楼梯惊魂的故事，就有一段连续用动词。“我如获大赦、死里逃生般猛走了几步、又猛地站定、长嘘一口气、辨认了一下方向、跌跌撞撞、失魂落魄地终于走到了酒店前厅大堂。”通过连续的动词，将那种惊心动魄、峰回路转的状态呈现出来，极具场景感。

3. 绘声绘色

绘声是在讲述过程中多用象声词，比如，咯咯直笑、啪的一记耳光，咚咚咚一阵急促的敲门声。

至于绘色，比如，金灿灿的太阳、绿油油的草地、红通通的小脸蛋、白花花的银子、黑咕隆咚的楼道等。

“绘声绘色”是语言的表现技巧，能够帮助我们更为生动细致地描绘出故事的场景、情境等，为我们的演说活动增添更多的表现力。

第四节　魅力表达

古希腊著名的演说家德摩西尼认为："说话的秘诀在于姿态。"因此，专业的、优秀的演说家，都会非常注重声音、手势等的表达技巧，以之为工具，来增强演说的效果。

仔细回想，在那些成为经典的演说场景中，演说者的声音、动作等是不是也给我们留下了深刻的印象？比如，喊出"I Have A Dream"的是马丁·路德·金那振聋发聩的呼声，一直在听众的心中激荡；再比如，毛泽东在演说时，把内容归纳为"一、二、三、四……"并且边讲边用右手扳着左手指一个个数数，用简单直接的手势帮助听众加深理解。

实现一场出色的演说，优质的内容当然是首要条件，但是，魅力的表达也必不可少。优质内容与表达技巧是互为表里、相辅相成的两个部分，两者缺一不可。而这一节中，我们要展开讲述的是"说好"中第四部分——魅力表达。

魅力声音

我们常说：先声夺人、声情并茂，强调的就是声音运用后的效果。演说中的声音表现，主要有语音、语调、语速。

1. 语音

世界上没有两个人的声音是一样的，所以这是一个先天优势——你的语音独一无二。有的人嗓音浑厚，有的人声音清脆；有的人低沉，有的人高亢；有的人语音成熟，有的人天生一口娃娃音；有的铿锵有力，有的宛转悠扬……作为演说者，不用刻意模仿谁，发出属于自己独一无二的声音即可。当然，我们可以通过一些专门的声音练习，让气、声、音更具优势。

2. 语调

相比于语音的单纯，语调则丰富得多。根据演说内容的变化、演说者情绪的变化，我们的语调也会随之变化。说白了，就是让声音带上情感，让不同的语调反映不同的情绪。

尤其在讲故事的时候，我们更要注意语调的运用：不同的场景、不同的人物口吻，语调也要随之而变。当然，语调的变化也不能不合时宜、胡乱变化。

比如，在婚礼现场、联欢会现场、新产品发布会现场，在致新年祝词、获奖感言时，演讲者的语调就相对要喜庆欢快；而在类似追悼会、道歉声明、反省检讨会上，演讲者的语调就应沉重迟缓，表达出与场景相符合的情绪。

3. 语速

最后是语速，有数据显示，语速在每分钟 180 — 220 个字之间，都是正常的演说语速，也就是听众能接受的语速，太快或太慢都是需要调整的。

魅力肢体

肢体动作包含手势、表情、位置的移动。

1. 手势

手势首先强调手口一致。也就是说，嘴里表达与手势表达要一致。假如嘴里说着“是”或者“OK”，而手在拼命地左右摇摆，完全没有“OK”的手势，这就是手口不一致。

手势的另一个要求，就是不宜频繁或变化多样，否则喧宾夺主。当然，专门的手语演说另当别论。

手势的作用，是对口头演说内容进行加强和辅助。所以，原则上来说，手势以开放式、正向为主，常见的手势有掌、拳、V 字、竖大拇指等，这是肢体动作中的手势。

2. 表情

肢体动作中的表情，也是魅力演说中常要用到的。恰到好处的表情，有助于演说效果的生动与强化。常见的情感主要有喜、怒、哀、乐、惊、恐、忧、愁等。关于手势与表情的训练，可以日常对着镜子进行练习，从而找到自己的最佳姿态。

3. 位置的移动

肢体动作中还有一个非常关键的位置移动。讲台上适度的位置移动，会让演说产生动感的效果。演讲台上不论是站姿还是位置移动，应以稳重、得体、大方为原则，最终形成属于自己的独特台风。

魅力语言

有人说，这个世界上最美的语言是法语，但在我看来，最美的莫过于我们汉语。汉语言源远流长、博大精深，魅力无穷。

让我们来看一个例子：

英语：If you don' t leave ,we will die together.

汉语各级水平翻译如下：

四级：如果你再不滚开，我们就同归于尽。

六级：你若不离不弃，我必生死相依。

八级：问世间情为何物？直教人生死相许。

专家级：山无棱，天地合，乃敢与君绝。

举这个例子，是想与大家达成共识：汉语是世界上最美最丰富多彩的语言，演说时我们一定要发挥自己母语的优势。

演说时，常用的魅力语言表达技巧有：修辞、重复、停顿、顺序、引用和幽默等。我们分别通过例子来演示这些魅力语言技巧：

1. 修辞

排比：修辞中的排比是比较常用的。比如，2008 年 11 月奥巴马在芝加哥进行他的第一任总统就职演说，开场就运用了一组排比句："是否还有人仍然怀疑美国是可以创造任何可能性的国家？是否还有人仍然对我们这个时代能缔造梦想感到困惑？是否还有人仍在质疑我们民主党的执政能力？答案就在今夜。”你看，排比运用，能使表达独具魅力！

比喻：修辞中的比喻手法。比如马云在演说中提到关于人才与企业发展匹配度时说的即使波音飞机的发动机装在拖拉机上，拖拉机也是跑不出速度的。

对仗：修辞中的对仗手法。比如：“书山有路勤为径，学海无涯苦作舟。”

判断：修辞中的判断。比如：“慈善是功能不是功利，是身前要履行的责任，不是死后裸捐。”

关于修辞的运用，建议大家平时多留意、多收集一些好的词句，尤其是中国的古诗词。

2. 重复

演说中的重复，尤其是对主题句的重复，有着非凡的语言魅力。大家耳熟能详的丘吉尔的“绝不放弃”——绝不放弃，绝不绝不放弃，绝不绝不绝不放弃——就生动地展现了重复的力量。

3. 停顿

这里要特别说一下停顿在演说中的应用。有些演说者喜欢一路滔滔不绝，没有给听众留下思考甚至是鼓掌的空间。其实，适当留白，也是一种为听众留出思考空间、强化演说目的的表达技巧。比如：“做一件好事并不难，难的是一辈子做好事。同意这个观点的话——（停顿），掌声通过！”

4. 顺序

语言的表达顺序也是一种技巧，语序不同，侧重点便有所不同，有时甚至能产生截然不同的表达效果。比如，“这个人带兵打仗，屡战屡败”——听者的想法是这个人真是无能！说“这个人带兵打仗，屡败屡战”——听者会觉得这个人坚韧不拔！

再比如，1949 年云南解放前夕，蒋介石密令特务逮捕了 90 多名爱国民主人士。当时国民党云南省主席卢汉将军急忙发电报给蒋介石，陈述利害，想为这批民主人士说情。蒋介石的回话是："情有可原，罪无可恕。"

卢汉看毕电文后，知道蒋介石仍执意坚持杀人，十分焦急，便把此电文拿给李根源先生看，征询一个万全之策。李先生看后沉吟了一会，提笔将电文的语序一改，变成："罪无可恕，情有可原。"

昆明的军统头目阅读了电文以后，以为蒋介石"恩威并举"，镇唬几个争民主的出头鸟，达到争取民众的目的就行了，于是就把那 90 多个爱国民主人士给释放了。蒋介石后来得知此事火冒三丈，却又不能排除自己有搞"颠倒"语序的可能性，于是只好骂几声完事。一场惨祸终因李先生的机智而得以幸免。

5. 引用

再来看引用。比如，我在一场"重新定义演说"的主题演说中，针对人们恐惧演说、上台紧张这一现状，引用了马克・吐温的一段话："在演讲的舞台上，只有两种人，紧张的和假装不紧张的！我是属于第三种……"这个开场引用的效果非常好，台下立刻响起掌声，听众的好奇心在那一刻被点燃，专注力被集中起来，让我后面的演说展开变得水到渠成。

6. 幽默

除了以上这些技巧，如果你还能尝试增加些幽默感，就会让你的演说锦上添花，也会让你得到大家的崇拜。但是，幽默，是需要学习与刻意练习的。

用中国话演说，还要注意尽量说大白话——了解你的听众层次，用他们听得懂的语言演说，会让他们给你的演说加分！

综上所述，同样一个故事，同样一篇演说稿，为什么有些人讲出来就吸引人，有些人讲出来就平淡无奇，这个与演说者的表达能力有关。一个有魅力的演说者，除了好的主题、令人难忘的主题句、生动而具有场景感的故事，关键还有他在台上的状态。状态通常表现为声音的变化、肢体动作的丰富，以及有特色的语言技巧。想要成为出色的演说者，这些都是需要我们去做有心人，加以锻炼与提升的部分。

第五节 说好训练

凡事预则立，不预则废，演说活动也是如此。在演说之前，所作的准备与训练越多，演说的成功也就越有保障。

苹果的创始人乔布斯除了是世界上最优秀的企业家，同时也是一名顶尖的演说家。他的一场演说，可以让粉丝千里跋涉甚至漂洋过海，只为到现场一睹风采。甚至可以说，正是得益于乔布斯那些极具诱惑力的演说，苹果产品才走向大众，手机成了改变世界的产品。但在这些精彩纷呈的演说背后，是乔布斯精心的策划与思考，为了演说中一个小小的细节，他会反复设计、反复训练，以保证最终的效果呈现。

演说其实并没有什么秘诀，所有的演说名家都曾在台下苦苦练功，普通人与演说家的区别，可能仅仅只是还没有掌握正确的训练方式。因此，在这一节中，我将分享如何“说好”的训练。

设计你的百搭故事

所谓百搭故事，就是你早就准备好的，经过多次练习，现场效果几乎可以99.99%确保的故事，这个故事还要意味深长，可以适合多种场景，别有寓意。

一个优秀的演说者，至少要为自己精心准备三到五个百搭故事。

前文谈到了故事的设计SCORE法则以及如何讲故事，除此以外，还要了解以下元素。

1. 故事来源

根据主体来源，故事可以分为自己的故事、别人的故事；根据渠道来源，有生活中的故事、工作中的故事、人际交往故事、媒体转述故事、电视电影故事、多媒体故事等。优秀的演说者，平时会用心对故事进行搜集与整理，做到演讲时可以信手拈来。

2. 故事分类

根据题材分：比如责任担当、行动励志、人际沟通、客户关系等故事；

根据场景分：庆典现场、营销现场、培训现场、路演现场、社交现场等故事；

根据文化生活背景分：中式的、西式的，古代的、现代的等故事；

根据功能属性分：寓言、童话、笑话、幽默，悲剧、喜剧等故事。

3. 故事演练

“慢，就是快。”百搭故事在演练时，可以从流利、熟练、传神这三个阶段来训练和提高。

流利：流利朗读。对于写好的故事讲稿，多读几遍，流利“读”出来。

熟练：熟读成诵。在流利读出来的基础上，能够做到脱稿“说”出来。

传神：声情并茂。增加语言的变化、表情的变化和肢体的配合，让故事有血、有肉、有灵魂地“演”出来。

先声夺人

1. 腹式呼吸，增加肺活量

你会正确地呼吸吗？这个问题可能会让你莫名其妙。呼吸是我们无时无刻都在做的事情，怎么可能有人不会呼吸？

事实上，很多人的呼吸姿势都是不正确的。胸腔科医师指出，不正确的呼吸姿势，不仅会让肩颈肌肉酸痛，甚至会影响到肺部健康。此外，想要达到更好的发声成效，学会正确的呼吸姿势绝对是必要的。

腹式呼吸法，是演说最重要，也是最基础的一种呼吸方法（如图 2–1 所示）。它是学习其他呼吸法的基础，是通过加大横膈膜的活动、减少胸腔的运动来完成的。腹式呼吸是让横膈膜上下移动。吸气时，横膈膜会下降，把脏器挤到下方，肚子会膨胀，而非胸部膨胀。吐气时，横膈膜将会比平常上升，可以进行深度呼吸，吐出较多易停滞在肺底部的二氧化碳。腹式呼吸法的呼气和吸气都较深，可以给肺部充足的氧气。呼吸的频率较慢，适合唱歌、演说等需要空气缓慢进出的活动。

在训练腹式呼吸时，首先找到横隔膜的位置。接下来就可以开始调节呼吸的速度。先由慢吸开始，让空气尽可能地往胸腔深处走(感觉像是要进到腹腔)，再慢慢地全部吐出。最后转成吸气 4 秒、吐气 16 秒的腹式呼吸。每分钟 5—12 次腹式呼吸，每天重复 10—20 次，让横膈膜的运动成为习惯，慢慢增加平时呼吸的深度，让呼吸渐渐转为腹式呼吸。

图 2-1 腹式呼吸示意图

2. 丹田发声，提升穿透力

丹田被称为气之海，是人体经脉中最重要的一个穴位之一，意守丹田可以逐渐培养元气。

很多人由于长期不正确的发声状态造成了嗓音沙哑、容易疲劳，甚至导致疼痛、咽炎等病变。演说是“气”和“声”的共同运用。演说需要气运丹田，而不是用喉咙乱喊乱叫。只有用丹田发力进行演说，才是保护喉咙的最佳方法。每次说话的时候，发音不要从嗓子里面把气压出来，而是用小腹的力量，把腹部的气体挤压出来。用丹田提劲发出的声音“浑厚”且“饱满”。这样持之以恒训练下去，可以提升声音的穿透力。

运用丹田练习发声的方法：

闻花香：想象面前仿佛有一盆香花，深深地吸进其香气，控制一会儿后缓缓吐出。

吹蜡烛：模拟吹灭生日蜡烛，深吸一口气后均匀缓慢地吹，尽可能时间长一点，达到25—30秒为合格。

咬住牙：深吸一口气后，从牙缝中发出“呲”声，力求平稳、均匀、持久。

数数：从一数到十，循环往复，一口气能数多少遍就数多少遍，要数得清晰响亮。

绕口令：用绕口令或近似绕口令的语句练习气息。比如，“出东门，过大桥，大桥底下一树枣儿。拿着竿子去打枣，青的多，红的少。一个枣儿，两个枣儿，三个枣儿，四个枣儿，五个枣儿，六个枣儿，七个枣儿，八个枣儿，九个枣儿，十个枣儿。这是一个绕口令，一口气说完才算好。”开始做练习的时候，中间可以适当换气。练到气息有了控制能力时，逐渐减少换气次数。最后要争取一口气说完，甚至多说几个枣儿。

在训练用丹田发声的时候，要注意以下几点：

气沉丹田：练习尽量把气吸到丹田。可以用打哈欠或闻味的举动，来体会深呼吸的感受。此时，身体都处于一种自然舒展状态，肩不要随着吸气上耸，尽量保持两肩平静，两肋自然外扩，吸气受力在腰腹部。

绵细匀长：保持住吸气时腹肌的用力状态，缓缓呼出。可以用吹蜡烛的小气流，想象不要把蜡烛吹灭，但一直吹得它摇动。注意蜡烛是在眼睛的前上方。我们的气流直接集中作用于蜡烛的火焰。呼出的时间越长越好，然后再吸再呼，连续重复，体会腰部集中用力的感觉。

3. 抑扬顿挫，增强感染力

演说时运用的语言节奏，直接影响演说的效果。如果语气平平缺乏吸引力，听众自然听不进去；如果一味地像连珠炮似的快速讲话，也会给听众造成亢奋心理和紧迫感。在演说中，富有节奏感的语调不但能让演讲内容朗朗上口，也更容易打动听众。语调，即讲话时声音的高低、轻重、快慢、停顿。做到抑扬顿挫，不仅需要演讲者吐字准确清晰，还需要语调随着演讲内容的更迭而变化。可以说，抑扬顿挫的语调是演讲者情感色彩的直观表现，可以让听众耳目一新。

所以，演说时要善于运用重音和停顿艺术，这样不但不会使讲话散乱，反而使整个讲话过程抑扬顿挫，起伏跌宕，连贯畅通，令听众享受一种语言的节奏美。

（1）重音

重音，是指演讲时把句子中的某些词语念得比较重、比较强的音。重音有引起注意、突出重点、启发思维的作用，它是正确表达思想内容，真切抒发感情，增强语言节奏感，提高语言表现力的重要手段。重音有三种类型：

第一，语法重音。语法重音是指在不表示什么特殊的思想和感情的情况下，根据句子语法结构的需要，重读句中某些语法成分。这种重音是自然加重性质的，只是跟句子的其他部分相比较，读得比较重而已。语法重音的主要规律有以下几点：

句子的谓语部分常常重读；定语、状语、补语常常重读；疑问代词和指示代词常常重读；用来作比喻的词语、排比句中变化的词语等常常重读。

第二，逻辑重音。为了表示特殊的思想和感情，而把句子的某些地方读得特别重的现象叫作逻辑重音，也叫强调重音。逻辑重音由于语言环境的需要或说话人的特定要求和感情而重读。逻辑重音的强度比语法重音更强些，因此能把需要强调的地方突出出来。在演说中特定的内容和重点部分，每个实词都可以成为逻辑重音。例如，“中国申办奥运成功”这句话，对重音作不同处理，就可以表达出不同的意思。

（中国）申办奥运成功——不是他国

中国（申办）奥运成功——不是举办

中国申办（奥运）成功——不是别的

中国申办奥运（成功）——不是失败

第三，感情重音。感情重音是指为了表达强烈感情的需要，对那些为表达感情而起决定作用的词语、句子甚至整个段落，都相应地加重音量。感情重音大多出现在内心节奏强烈、情绪激动时，如兴奋、激昂、愤怒和欣喜等。

感情重音的作用在于使语言色彩丰富，增添血肉，充满生气，听上去真切感人，有强烈的感染力。它往往与语法重音或逻辑重音重合，这种双重重音就可能读得格外加强。并会和停顿相搭配，从而起到区别和强调的作用。演说时，重音的确定往往取决于演说者对演说思想感情的领会和把握。在演说过程中，表达感情重音的方式常见的有三种：

第一，提高音量，就是把音节读得重一些，响一些。一般用于表达明朗的态度、观点以及形象鲜明的事物。例如：让暴风雨来得更猛烈些吧！

第二，拖长音节，就是把重音音节拖长。一般用于宣泄内在情绪，表达深挚的情意等，富有抒情色彩。有时也为了使音节传送清晰，用拖长音节来启发听众的想象，加深听众的印象，加强演讲的感染力。

第三，一字一顿，就是在要强调的词语上，用时间停顿的方式，突出重音。这是演说者思想感情的继续和延伸，绝不是思想感情的中断和空白。

（2）停顿

停顿，是指演讲语流中声音的间歇。停顿在口头表达中有调节气息、显示语气、突出重点的功能，能起到标点符号的作用，不至于让演说变得拥堵急促。恰到好处的停顿，和语意表达有着十分密切的关系，能让整个演说氛围变得自然生动，也能够给听众留下一定的思考空间。比如：

亲爱的爸爸妈妈，欢迎您！

亲爱的爸爸，妈妈欢迎您！

亲爱的，爸爸妈妈欢迎您！

恰到好处的停顿，可使语句结构清楚、语意鲜明，可以增强语言的节奏感，加强语言的清晰度和表现力，还可以引起听众的注意和思考。如果停顿不当，该停顿的没有停顿，而不该停顿的却停顿了，就会使语法混乱，影响语意的表达，有时还会造成误解。停顿有三种类别：

第一，语法停顿。语法停顿，是指依照标点符号而作出的间歇。标点符号反映了段落之间、句子之间和语词之间的语法关系。停顿的时间长短有所区别，相比之下，段落之间的停顿要长于句子之间的停顿；句子之间的停顿，又长于句子内部的停顿。另外，标点符号处也应当有停顿。停顿时间的长短，根据符号的不同而各异。标点符号按照停顿时间的长短，可依次排列为句号（问号、感叹号）、分号、冒号、逗号、顿号。

第二，逻辑停顿。逻辑停顿也称思路停顿，是指为了强调某一事物或突出某一语意，在没有标点的地方所作的停顿，也叫强调停顿。它既可强调演说内容，也可为听众提供思考的时间。当然，这种停顿也能够为演说者提供呼吸换气的时间。

第三，感情停顿。感情停顿也称为心理停顿，是指为了突出某种感情而作出的停顿。这种停顿通常出现在感情强烈的地方，诸如兴奋异常、悲痛欲绝、恼怒至极等。在感情停顿的地方往往配合有感情重音、呼吸急促或屏住气息等手段，以表现强烈的感情色彩。

通常情况下，感情停顿比语法停顿和逻辑停顿的时间要长。它为情感服务，能够体现微妙复杂的心理感受。比如，“我认为没有人能够像他那样（停顿）敬业、负责、甘于吃苦！”这里的停顿就能够凸显出演说者情绪的激昂，也能够瞬间拉回听众的思绪。

语法停顿使语言层次分明，语意明确；逻辑停顿使语言目的明确，表意充分；感情停顿使语言感情饱满，生命力强。三者既有区别又有联系，共同服务于表情达意的需要。如果说，没有逻辑停顿的语言是文理不通的，那么，没有感情停顿的语言就是没有生命的。

无论是登台演讲，还是日常交流，能够把握好语言的抑扬顿挫，通常都能够更吸引听众。重音和停顿作为抑扬顿挫的两大关键点，是演说者应当注意的。

明星形象

腹有诗书气自华，外在形象不能差。

何谓形象，简单地说即一个人的仪容仪表所呈现给人的感觉与印象。仪容，就是容貌，要干净整洁；仪表，就是服饰，要大方得体。

杨澜曾在《天下女人》的录制现场，回忆起自己在美国找工作时面试官的表情：“她竟然说我的形象和我的简历不相符，而拒绝继续向我提问。尴尬的我，低头看着自己的打扮，很明显，因为穿着问题，我被她鄙视了。”她感叹道：“没有人，有义务必须透过连你自己都毫不在意的邋遢外表，去发现你优秀的内在。”

无论演说者的背景多么资深，经验多么丰富，请注意形象，这是尊重自己，也是尊重他人。

1. 腰杆子里出气质

天使般的面孔，魔鬼般的身材。这是一个看脸的时代，但再美的人如没有好气质加持，也是“空皮囊”。

最能直接体现一个人气质的是腰杆子。一柱擎天，三个力点，四个接头，底座一盘，筋骨相连。脊柱作为人体的中轴，就像一棵大树的“主干”。上撑头颅、下连盆腔，支撑着人体的关键器官。一个人的健康状况、形象气质统统与脊柱相关。山有脊梁不塌方，人有脊柱腰杆硬。宋代陈亮《癸卯秋与朱元晦书》中就有“然正大之体，挺特之气，竖起脊梁”的说法。只有竖起脊梁，才能有正直的身体、独特的气质。

脊柱挺拔，彰显的正是一种精神姿态。含胸驼背则往往给人一种萎靡沮丧、老态龙钟的感觉。英国《每日邮报》公布了绅士的50条准则，其中重要的一条就是必须拥有好的体态。设想一位含胸驼背的人从面前经过，往往会让人产生不自信、不健康、不精神的感觉，即便拥有美丽的外表，穿着精致的服装，终归也撑不起整体的“颜值”。演说者要用科学的方法，通过科学训练，以矫正形体习惯，最终实现举手投足都是魅力。

（1）靠墙站

身体背靠着墙，让后脑勺、肩胛骨、臀部、脚后跟都能与墙面呈点的接触。这样，就能体会到正确站立时身体各部位的感觉了。

之后，可以每天练习，比如，每天靠墙站立二十分钟，或者分时间段来练习体会站立的感觉（如图 2-2 所示）。

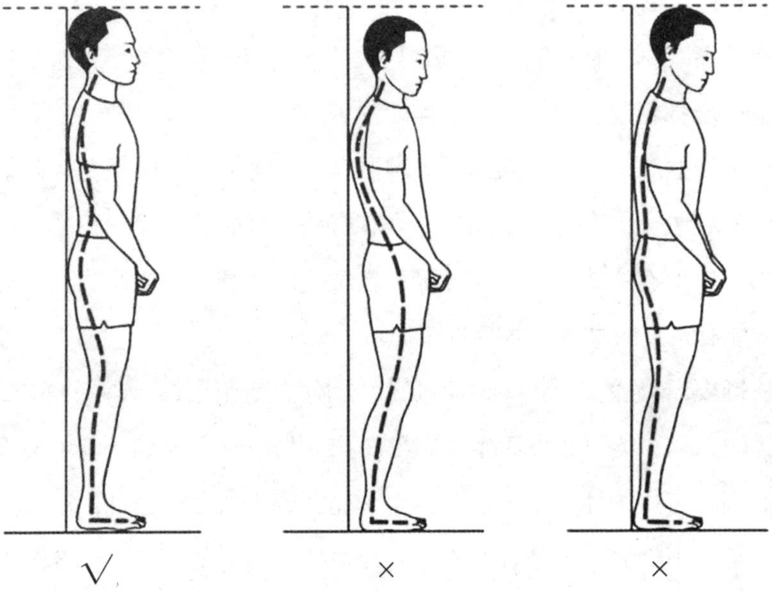

图 2-2　靠墙站立法

（2）平板撑

这种方法还对我们练习腹肌力量很有帮助。具体来说，就是先让身体面朝下俯卧。然后用手肘和脚前掌支撑起身体，使身体除小臂、手肘部和脚前掌与地面接触外，其他部位都离开地面并与地面平行。注意肩要放松，胸不要往里含，要和地面平行，腰背也是一样，要有支撑住身体的力度，保持身体平直的紧张度。这样保持一会儿，坚持不了的时候就恢复俯卧的姿势，然后不断地做三到五次（如图 2-3 所示）。

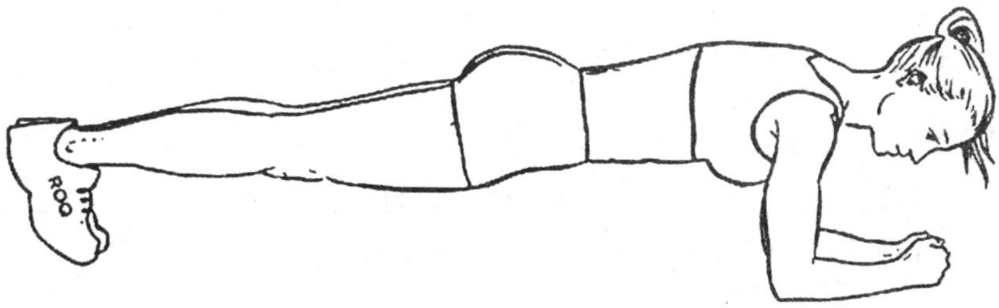

图 2-3　平板撑示意图

这样有助于加强我们的腰、背、腹的力量，让身体有支撑感，可以让我们在站、坐、行的时候能收腹、立腰、直背，获得支撑身体的力量和感觉，特别是平时有习惯性含胸、驼背、弯腰问题的人，更要加强这方面的训练。

（3）平衡感

做这样的练习有助于纠正我们在走路的时候，不由自主地左右晃动，或者弯腰驼背、脊椎不直。具体的做法是，把一本书放在头顶上，视线落在前方四米左右的地方，手可以叉腰，也可以自然下垂前后摆动，坚持走一段距离，休息一下再反复练习。

2. 准备自己的战袍

人靠衣装，佛靠金装。以貌取人是常人与生俱来的心理状态。一个不讲究的演说者，首因效应的前七秒钟，形象早已大打折扣！

着装对每个人都很重要，着装彰显出演说者自身的素质和涵养。我们可以把某件得体的服饰定义为胜利战袍！一件有着特殊身份的战袍具有魔力的细节，会有无限神奇的力量。把它想象成为胜利的战袍吧，积极的心理暗示可能会让演说者超水平发挥。穿上战袍，时刻精神抖擞，秒变“战神”。

正装就是演说者的战袍。专业演说者的衣柜里，至少要有一件出席重要场合的战袍，即上得了台面，得体、有个性特征的正装。穿着正装向大家以站姿分享，与你穿着休闲装坐着与大家分享的状态，肯定不同。到底有多不同呢？受众会知道。

（1）男士战袍标配

西装：推荐正式场合穿两粒西装或四粒双排扣西装。

衬衣：推荐纯白色和淡蓝色带袖钉的免洗纯棉衬衫。

领带：推荐红色和蓝色时尚款丝质领带。

腰带：推荐黑色和棕色鳄鱼皮或牛皮腰带，配银色或金色大品牌皮带头。

皮鞋：推荐手工制作的鳄鱼皮或牛皮时尚款系鞋带的黑色皮鞋。

袜子：推荐纯黑或深蓝色，袜筒过脚踝的长筒棉质袜子。

（2）女士战袍标配

旗袍：旗袍款式流畅巧妙，最能体现东方女性的朴素典雅、柔美婀娜；佩戴金、银、珍珠、玛瑙等精致的项链、耳坠、胸花；穿与旗袍颜色相同或相近的高跟或半高跟皮鞋。

西服套裙：女西装配西装裙，更能体现女性的高雅气质和独特魅力；西装上衣要稍长些，以充分展现女性腰部、臀部的曲线美；无论配裙子或裤子，一般采用同一面料做套裙，使得整体感强；黑、褐、灰或条纹、碎点的图案，面料质地要好；穿套裙时，宜穿皮鞋与肉色、黑色长筒袜或连裤袜丝袜；帽子能增加主人的风采，可以根据自己的脸型和身高来选择。

3. 设计开场招牌动作

每个人都会有自己独特的小动作。当习惯成自然时，这个动作就成了你的招牌了。作为演说者，要结合自身特点，精心设计自己的开场招牌动作，作为个人特有的品牌符号，让自己的上台亮相更加精彩，举手投足更显大方，营造视觉震撼力，使讲话气场更足。

常见的开场招牌动作有：

拥抱：世界上最美好的感情表达方式，就是拥抱。用张开双臂的姿势，做拥抱的动作，表现出自己的真诚、友好和满满的自信。“打开自己，才能拥抱全世界。”

鼓掌：所有演讲者最喜欢听到的声音，就是掌声。用举手拍掌的姿势，带动听众一起鼓掌，表现出自己的激情、能量和速度。“掌声响起来，你的爱将与我同在。”

鞠躬：生活中最能体现尊敬之心的礼仪，就是鞠躬。用 90 度鞠躬的姿势，对所有现场的听众表示深深的敬意，表现出自己的诚意、谦逊和内敛。“扬在脸上的自信，化在心里的谦逊。”

掌握以上这三种常见的开场招牌动作后，每个人可以结合自己的实际情况，设计出自己的上台开场招牌动作。比如，对于我自己而言，因为我走的路线是激情和能量派演说路线的，所以我给自己设计的开场招牌动作是，右手举过头顶，五指张开，然后握拳并收回手臂，同时大声说：“Yes！”

第三章

说服——头头是道

第一节　令人无法抗拒的逻辑

每一个演说者，都希望自己的演讲能够打动别人、说服别人。任何一种演讲，最终目的都是为了使听众认可和信任演说者，按照演说者希望的去做。归根结底，演说的目的，就是为了说服。

如何说服别人，完成一场精彩的演讲呢？

说服的前提

亚里士多德在《修辞术》中提出了三种基本说服方式。这三种基本说服方式分别是，人品诉求（ethos）、情感诉求（pathos）和理性诉求（logos），三者构成了说服的前提。

人品诉求，是指修辞者的道德品质、人格、威信。亚里士多德称“人品诉求”是“最有效的说服手段”。所以演讲者必须具备聪慧、美德、善意等能够使听众觉得可信的品质。“人格对于说服，几乎可以说是起支配作用的因素。当演说者的话令人相信的时候，他是凭他的性格来说服人。因为我们在任何事情上一般都更相信好人。”

情感诉求，是指通过对听众心理的了解来诉诸他们的感情，用言辞去打动听众，即我们通常所说的“动之以情”。它是通过调动听众情感以产生说服的效力。演讲者通过带有倾向性或暗示性的语句，向听众施加某种信仰和情感，来激起感情并最终促使他们产生行动。可以说，对情感诉求的研究是一种对人类情感的心理研究，是对人类发掘、践行真理的道德关注。

理性诉求，是指言语本身所包括的事据与或然性推理证明，即“逻辑论证”。因此，理性诉求既是对理性推论的研究，也是对言语逻辑的研究。

修辞三段论用在演说中，主要是劝说听众。演讲者只给出大前提，听众在猜测小前提的基础上推断出结论。通过让听众去猜测演讲者不直接表明的或故意省略的内容来激发起他们的参与意识。

人们需要逻辑

在工作中如果我们能正确运用逻辑思维的方法，可以达到事半功倍的效果。当今社会，人们已经普遍认识到，只拥有知识是不够的，因为知识本身并不能告诉我们，该如何运用知识，碰到问题该如何解决，遇到企业发展瓶颈期，该如何改变创新。而这一切，都要靠人的大脑——逻辑思维能力去解决。逻辑思维是人的理性认识阶段，人运用概念、判断、推理等思维反映事物本质与规律的认识过程。

逻辑，指的是思维的规律和规则，是对思维过程的抽象，也就是生活中我们常说的“套路”。逻辑与我们的工作和生活息息相关，尤其是在思维和语言中意义重大。如果你有较强思维逻辑，你就可以在全世界整合资源。如果没有，你便会自觉不自觉地成为资源被别人整合。

逻辑如同装内容的盘子，逻辑贯穿才能使内容要素各归各类。好内容如同好的珠子，而逻辑则是把这些珠子串成项链的细绳。好的演说必须有好的逻辑。逻辑就像基因一样，是演说的精髓。

左脑和右脑

人的大脑分为左脑和右脑。左脑与右脑形状相同，功能却大不一样。左脑主要控制着知识、判断、思考等，和显意识有密切的关系。右脑具有自主性，能够发挥独自的想象力、思考，把创意图像化，同时具有作为一个故事述说者的卓越功能（如图 3–1 所示）。

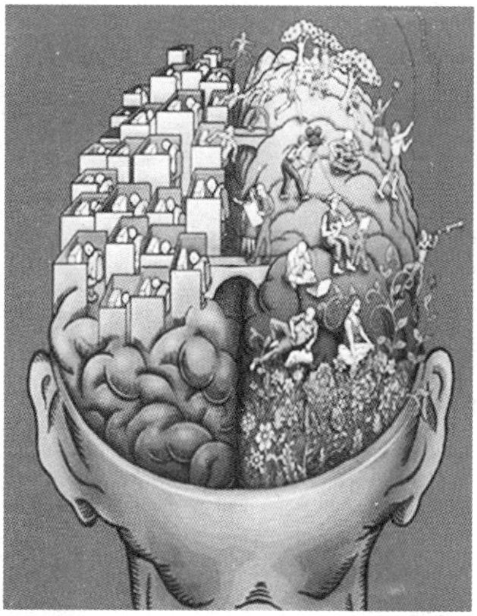

图 3–1　左脑和右脑分工示意图

生活中大部分人都是左脑发达，这是因为人们大多时候都喜欢用右手去抓东西，两手自然交握时，总是右手在上。右肢经常活动，刺激左脑发达。左脑发达，理性思维就占主导，就优先接受有逻辑的信息。人和人之间的交往，也是逻辑与逻辑的相互影响。

说服，是发生在两人或者多人间的一种沟通活动。它不仅是沟通的过程，也是思考的过程，而思考的本质便是逻辑。人们被说服，是因为有逻辑。说服别人，其实就是让别人接受你的逻辑。

人们不会轻易被说服——除非，他认同！因此，要想说服人的行，先要说服他的心；要想说服他的心，先要说服他的脑。让对方的大脑得出这样的结论：说得有道理，是那么回事。

第二节　四大说服性逻辑

说服，是演说活动的重要目的，同时也是最难实现的目的之一。想要争取别人的赞同，想要说服别人，光有正确的观点还不够，还要掌握实用的说服逻辑。

在这一节中，我们将了解四种说服性逻辑，帮助我们在演说中成功地说服听众，完成演说的目的。

痛点逻辑

痛点，是指用户在产品使用过程中的不良感受、糟点。人对痛点的记忆很深刻，所以只要存在痛点的意识，人们便会义无反顾、千方百计地朝着消除这种痛点的目标前进。

营销的本质就是找痛点，只有解决了客户的痛点，才能让客户尖叫。激发并满足了用户的潜在痛点，就能打造爆品。比如，打车难是一个痛点，于是就有人发明了打车软件，让人们可以随时随地打到车。当人们都在抱怨生意难做的时候，马云喊出“让天下没有难做的生意”，这一使命成了阿里巴巴所有业务的核心指导原则。

实际上，痛点不仅可应用在分析产品体验上，在日常生活和工作中，围绕“痛点”展开思考，也是非常好的一种思维方式。这种围绕“痛点”展开思考的逻辑思维方式，叫作“痛点逻辑”。《圣经·马太福音》里说：“凡劳苦担重担的人可以到我这里来，我就使你们得安息。”就是一个经典的痛点逻辑。

痛点逻辑在演说实际的应用中，具体可以分为三步，分别是找痛、挖痛、解痛（如图 3–2 所示）。

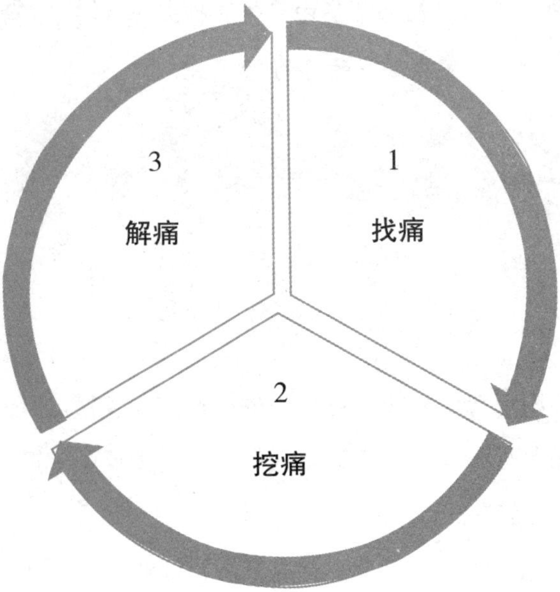

图 3–2　痛点逻辑环形图

第一步，找痛。从现象或问题入手，通过现象的描述和问题的提问，取得认知上的共识、心理上的共鸣、行为上的配合，为接下来的挖痛和解痛作好前期的铺垫和准备。这里需要注意的是，问题的提出者，就是问题的解决者。找痛部分提出的问题，必须在解痛部分得到解决。否则，就失去了找痛的意义。

第二步，挖痛。一方面要对现象或问题进行原因分析，以此来体现出我们对该问题的研究，赢得话语权。另一方面，要预测现象或问题如果不及时解决而可能带来的不良后果，让对方提前看到灾难性的后果（俗称“下危机”），以此来增强对方需求的紧迫性，促使对方快速采取行动。

第三步，解痛。解痛部分是整个痛点逻辑的核心关键。给出问题的解决方案，达到预期的目的或效果。在给予解决方案的时候，**行动式演说主张“四实”原则：实战、实操、实用、实效。**

实战，指的是说我所做，做我所说，知行合一。给予的方案都是自己亲自实践过的，是自己实战经验的总结和提炼。

实操，指的是给予可以直接操作的工具、具体的流程和步骤，不仅知道而且做到。

实用，指的是提供的实操工具与方法有其对应的实际应用场景。

实效，指的是用结果说话，一用就有效。

1. 没有痛点，就没有成交机会

大家有没有发现一个有趣的现象：不论买什么，大到房子、车子、珠宝，小到菜市场的小菜，都能讨价还价。然而，有一个地方，面对一个群体，人们几乎从不还价，而且还听话照做，该干什么干什么，该付多少付多少。这个地方就是医院，这个群体就是医生。

人们为什么这么听医生的话呢？我们来还原一下医生看病的场景：假设

一个人胃疼，来到医院，下面是医生和病人的对话：

“哪里不舒服啊？”

“胃疼。”

“疼了多久了？”

“连续有三四天了。”

“过去有疼过吗？”

“没有。”

“吃什么刺激性的食物了吗？”

“没有。”

“受到什么外力撞击了吗？”

“没有。”

“去做个胃镜吧。”

“好，去做胃镜。”

一个礼拜后，胃镜报告出来，再次见医生。医生边看片子，边说：

“问题蛮严重啊，有息肉，有炎症，有糜烂，如果不及时治疗，有肿瘤癌变的风险。”

“医生，您看要怎么治疗呢？”

“先吃药，再打针。如果没有好转就要做手术。”

“好好好，吃药打针做手术都听您的。”

病人完全被说服！

在这场对话的背后，医生有一套令人无法抗拒的逻辑，这个逻辑就是痛点逻辑。对本案例里医生的问话用痛点逻辑进行分析如下：

第一步，找痛，即问现状。“哪里不舒服？”

第二步，挖痛，即挖原因+挖后果。挖原因：“吃什么刺激性的食物了吗？”“受到什么外力撞击了吗？”挖后果：将不及时治疗的后果挖出来。越形象，越具体，越有画面感越好。“问题蛮严重啊，有息肉，有炎症，有糜烂，如果不及时治疗，有肿瘤癌变的风险。”

第三步，解痛，即给方案。“先吃药，再打针。如果没有好转就要做手术。”

2. 没有痛点，就没有说服类演说

对演说而言，痛点逻辑是一种常用的说服类演说逻辑，比如日常的员工心态、技能方面的培训，或者新项目提案、商业路演、招商会、竞选竞聘演说等。

我们来看国际著名的水问题专家金士博（Wolfgang Kinzelbach）教授在一席所作的演说，这篇名为《中国缺水吗》的演说词，采用的就是痛点逻辑，分析如下：

第一步，找痛，从现状入手，用数字来展示中国水资源的真实情况。

> 假如一个国家或者地区每年的人均（可再生）水资源量少于1700立方米，我们就说这个地区的水资源紧张。假如少于1000立方米，我们说这个地区水资源短缺。
>
> 中国每人每年平均有2355立方米的水资源，（但是）贵州比平均数高多了，（而）我们再看华北平原，它每人每年的水资源少于300立方米，算是极度短缺水。

第二步，挖痛，挖原因 + 挖后果。为什么华北平原缺水？会给人们带来哪些影响？

挖原因：华北平原为什么缺水？问题有多严重？

80 年代中国有超过 10 亿的人口，粮食紧张。农民最开始用地表水灌溉，后来因为生产需求大，地表水不够就开始抽地下水。由此开始，地下水就以每年 0.5 米到 1 米的速度在下降。

现在超采的量甚至大到可以从卫星上监测到它。GRACE 是观测地球重力场变化的卫星。它告诉我们，在 2002 年到 2012 年之间，哪里的重力发生了变化。重力变少了就是蓝色的，表示质量变少了……华北平原出现的蓝色就是因为地下水的存储量减少了，而且可以由此推算出来这几年每年的净抽水量大概是 83 亿立方米。

假如我们什么都不做，那地下水位就会一直下降。

挖后果：超采地下水导致的缺水，会给我们带来多大的危害？

在缺粮之前，超采就会出现很多比较严重的后果，包括湿地变干，河流枯竭，地面沉降，还有海水入侵，这些问题会导致地下水的水质持续恶化。这些现象在河北省就已经非常普遍了，甚至有的地方地面沉降有两米多……

这对基础设施很不好，它会破坏水管，而且地面下沉后车轨会偏离原先的设计，动车车轨歪了，动车就会从车轨上跳出来。

这种裂缝在河北有 1000 多个，其中 400 个长度超过 1 公里，就是那个地沉下去了。

有的地方海水已经侵入陆地50公里，那么这50公里以内的井就都报废了，变成咸水，无法用于灌溉或饮用。所以我们必须采取措施停止超采，而且越快越好。

第三步，解痛，给方案。下面从一个农民的角度和从一个普通人的角度，分别提出了建设性建议或解决方案。

我们怎么办？

在丰水年和平水年我们应该少抽地下水，然后枯水年就可以抽多一些……（政府）还需要制定一些法律，也需要每一个使用者的合作。

通过机械化的生产方式、现代化的管理，经营一个大规模的农场……这样也可以比较有效地节省水，比小规模的种植节省水。

但在现实中，地下水问题是看不到的……所以我们在想是不是要在那些村庄安装一种表达水位的显示器，然后看水位到底离那个红线有多远。

普通人能做什么？

当然我们可以节约用水，也许也可以少吃一些肉，因为华北平原的玉米大部分都是喂鸡喂猪用的，而且绝对不要浪费食物，因为食物就是浓缩的水。

实效逻辑

对任何一件事或者事物，我们都可以从三个维度去认识和研究。按照顺序分别是：是什么（What）、为什么（Why）和如何做（How）。因为这种逻辑的实用和有效，我们把这种考虑问题的逻辑称为实效逻辑。

实效逻辑在实际的应用中，具体可以分为三步，分别是：是什么（What）、为什么（Why）和如何做（How）（如图 3–3 所示）。

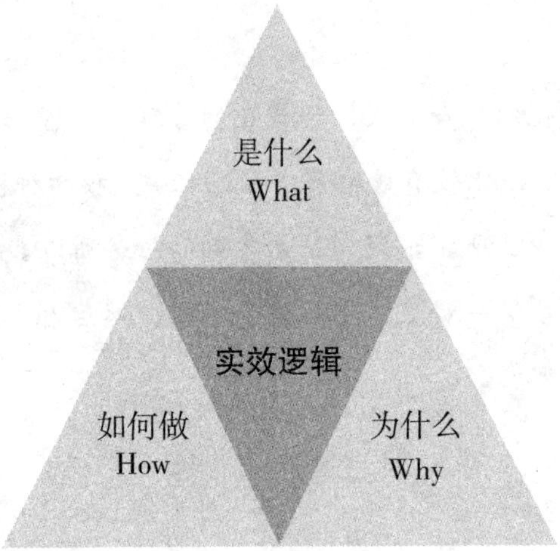

图 3–3 实效逻辑"金三角"

第一步，是什么（What）。对问题重新定义，看问题要比别人深入和全面。大多数人只会看表面现象，我们就要透过现象看本质。大多数人都会不可避免地带有片面性，我们看问题就要客观中立、科学辩证。只有这样，对“是什么”才能说明白，说清楚。

“是什么”通常表现为定义、标准、成果、目标。

第二步，为什么（Why）。人类行为的两大动机是追求快乐、逃避痛苦，而且逃避痛苦的力量是追求快乐的力量的四倍。在“为什么”的部分，要进行价值的塑造，讲明白做了有什么好处，不做有什么坏处。

“为什么”通常表现为原因分析或正反结果对比。

第三步，如何做（How）。一切用结果说话，这是黄金法则。有结果，比有道理更重要。“如何做”就是方法论，就是路径。在“如何做”的部分，要给方案、给方法、给步骤、给工具。

实效逻辑可用于告知类的演说：公司介绍、新产品发布、企业文化制度宣导、行为规范条令发布等。

演说的过程，就是说服的过程。在写演讲稿时，该怎样构建一个完整而又合理的逻辑结构呢？我们以荀子的《劝学》为例，来给大家作讲解。

《劝学》是荀子讨论“学习”的一篇议论文，由三个段落构成，按照“是什么—为什么—怎么做”的逻辑结构来展开思路、论证观点。

第一段，在首句提出了全文的中心论点“学不可以已”，向读者阐明了文章的观点。接下来从学习的“意义”和“作用”两个方面去论证“为什么学不可以已”。荀子先在第一段中用“青取之于蓝而青于蓝”“木直中绳，𫐓以为轮”等比喻，来论证“学习的意义”——学习能够改变自己、提高自己。

第二段，荀子又用“登高望远”“顺风而呼”“假舆马”等比喻，来论证“学习的作用”——学习可以弥补自身不足。

在前两段提出了“是什么”和分析了“为什么”之后，第三段解决应该“怎么做”的问题。围绕这个问题，荀子用“积土成山”等作喻，指出学习要逐步积累；用“骐骥”与“驽马”为喻进行对比论证，说明学习要坚持不懈；用“舍”与“不舍”强调学习要专心致志，阐明了怎样才能做到“学不可以已”。

由上述分析可以看出，《劝学》的逻辑思路十分清晰。从议论文写作的角度来说，它的“提出问题（是什么）”“分析问题（为什么）”“解决问题（怎么做）”的结构模式十分典型。文章三部分中的每一部分都为议论的逻辑推进服务，这种结构值得我们学习借鉴。

用“是什么——为什么——怎么做”这样的逻辑结构来写演讲稿，更容易展现我们的思路进程，且不易偏题或离题。

顺序逻辑

顺序逻辑，也称逻辑顺序，即按照事物或事理的内部联系，及人们认识事物的过程，来安排说明顺序。顺序逻辑常用于事理说明文。事物的内部联系包括因果关系、层递关系、主次关系、总分关系、并列关系等；认识事物或事理的过程则指由浅入深、由具体到抽象等。

常见的顺序逻辑有四种：

1. 时间顺序

通常表述为过去、现在、将来；今天、明天、后天；五年规划、八年规划、十年规划等。这种时间顺序的逻辑，一般领导、政治领袖会用得比较多：回首过去，立足现在，展望未来之类的。

比如，林肯葛底斯堡的演讲，就用的是时间顺序。演说中提到了“87 年前”美利坚国家的祖先是怎样做的：

八十七年前，我们的先辈在这个大陆上创建了一个新的国家。她孕育于自由之中，奉行人人生来平等的信条。

现在面临着怎样的挑战：

现在，我们正进行一场伟大的内战，以考验这个国家，或者任何一个孕育于自由和奉行人人生来平等信条的国家，是否能够长久坚持下去。

我们相聚在这场战争的一个伟大战场上，我们来到这里把这战场的一部分奉献给那些为国家生存而捐躯的人们，作为他们最后的安息之所。我们这样做是完全适合的、恰当的。

未来将是怎样：

但是，从更高的意义上说，我们是不能奉献，不能圣化，也不能神化这片土地的，因为那些曾经在这里战斗过的人们，活着的和死去的人们，已经圣化了这片土地，他们所做的远非我们的微薄之力所能扬抑。这个世界不大会注意也不会长久记得我们今天在这里所说的话，但是，它永远不会忘记勇士们在这里所做的事。

毋宁说，我们活着的人，应该献身于留在我们面前的伟大任务：

从这些光荣的死者身上汲取更多的献身精神，以完成他们精诚所至的事业；

我们在此下定最大的决心，以不让死者白白牺牲；让这个国家在上帝的保佑下获得自由的新生；让这个民有、民治、民享的政府与世长存。

2. 空间顺序

通常表述为东西南北中、上下左右、高层中层基层等。

比如，在我们主讲的精品课“执行·军魂”特训营课程中，谈到企业如何建立自己的“教育铁营盘”时，我提出的中国民营企业团队建设必修的“1+6堂课”的课程体系，就采用了空间顺序的逻辑（如表 3–1 所示）。

表 3–1 “教育铁营盘”课程体系

层级	主题	精品课	核心价值
全员	执行	执行·军魂	打造有灵魂的钢铁军团
基层	销售	销售·特种兵	成为杀手级的销售兵王
	服务	感动·服务	用服务提升竞争软实力
中层	管理	中流·砥柱	六项全能的职业经理人
	沟通	高品质·沟通	建立可持续的生命关系
高层	经营	将帅·兵法	运筹帷幄的智慧与谋略
	演讲	中国·演说家	成为演说型企业家导师

3. 流程顺序

通常表述为第一步、第二步、第三步等。

比如，宋丹丹的小品，将大象关进冰箱分几步？分三步：第一步打开冰箱；第二步，将大象关进去；第三步，关上冰箱。

还有前面分享的如何讲场景感的故事。两个步骤：第一步，根据 SCORE 原则设计故事；第二步，三招演绎故事。

图 3–4 是我们做私董会教练时的五步十环，这也遵循流程顺序的逻辑。

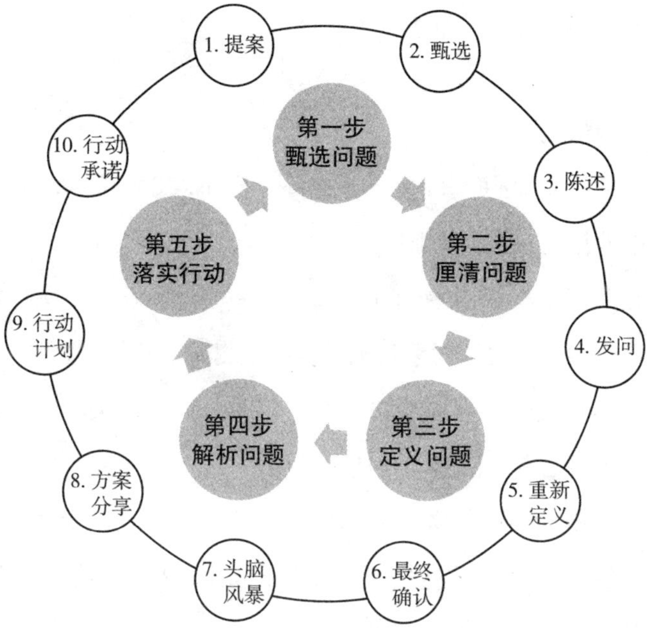

图 3–4　私董会教练五步十环图

罗列关键词

有时候，我们会把一些不太相关的内容放在一起来讲。这个时候就要用到关键词罗列的方式。采用关键词罗列的方式最大的好处是，让我们的表达有重点。重点一般不要超过 3 个，最多不要超过 7 个。

美国心理学家约翰 · 米勒曾对短时记忆的广度进行过比较精确的测定：

正常成年人一次的记忆广度为 7 ± 2 项内容。多于 7 项，则记忆效果不佳。这个“7”被称为“魔力之 7”或“怪数 7”。这个“7”既可以是 7 个字符，也可以是 7 个汉字，7 组双音词，或 7 组四字成语，甚至 7 句七言诗词。由此可知，短时记忆广度的大小，不是取决于被记忆材料的意义，而是取决于被记忆材料的数目。

在以下三种情况下，可以用关键词罗列：

第一，将相关性不强的事物摆到一起时。比如，我所崇拜的偶像有三类人，古圣先哲、中外伟人、世界大师。

第二，相关但不构成事物的并列却放在一起时。比如，关于我是一个什么样的人，我会用三个关键词重新定义自己：真诚、热情、付出。

第三，把不相关的观点与看法放在一起时。比如，关于如何留住核心员工这个话题，我谈三点：情感、待遇、发展。

以上便是说服性演说中常用的四种逻辑结构：痛点逻辑、实效逻辑、顺序逻辑、罗列关键词。掌握这些逻辑并且有效利用，将帮助我们在组织演说时，做到更加吸引人，更加打动人，最终说服人。

第三节　极具说服力的素材

一篇演说如果只有逻辑框架，而没有具体的内容，就像一幢房子只有钢架，而没有装修和配家具，还是无法居住；就像一个人只有骨架而没有血肉，那是一具骷髅；就像一棵树，只有树干而没有枝叶，根本体现不出生机。如何让演说有血有肉、有枝有叶呢？这就需要补充极具说服力的素材。

正所谓“事实胜于雄辩”。在演说中恰当地引用具有说服力的素材，就等于部分地还原和再现了事件的过程，可以达到单纯说理所达不到的效果。好的素材不仅“寓理”，而且可以“喻理”。以小喻大，以近喻远，以实喻虚，有助于将抽象的概念具体化、深奥的道理通俗化、空泛的议论形象化，从而使其更具有感染力和说服力。

演说中常用的具有说服力的素材主要包括四类，分别是图片、故事、数据与表格、权威论断。

图片的视觉效果更直观，视觉冲击力更强。图片的价值在于让听众“看到”。

故事可以让表达更生动有趣，更容易在听众的脑海里营造画面感。故事的价值在于让听众“听到”。

数据与表格可以增加演说的科学性，并让复杂的事情简单明了。数据与表格的价值在于让听众“心服”。

权威论断更容易让人产生信赖感，减少异议。权威论断的价值在于让听众“口服”。

图片—— 一张图片胜过千字

为什么要用图片？俗话说“耳听为虚，眼见为实”，听到不如看到。PPT制作有一句话叫“字不如图，图不如表”。大多数的正常人都有视觉性的习惯。用图片可以更好地抓住听众的眼球。比如，我现在讲述一段这样的话：

汶川地震中，有一位伟大的母亲，用她的身体为她的孩子撑起一片空间。抢救人员发现她的时候，她已经死了，是被垮塌下来的房子压死的。经过一番努力，人们小心地把埋着她的废墟清理开，在她的身体下面躺着她的孩子，包在一个红色带黄花的小被子里，大概有三四个月大，因为母亲身体庇护着，他毫发未伤，抱出来的时候，他还安静地睡着，他熟睡的脸让所有在场的人感到很温暖。我们不得不感动于母爱的伟大！

我这样说，就算你展开丰富的想象，也还是无法感知到母爱的伟大与冲击力。如果我在说的同时，给大家展示一张这样的图片，我想这样可以更能震撼到大家的心灵。所以，善用有冲击力的图片是提升说服力的首选。

如何选择图片才能做到有冲击力呢？在这里，给大家总结出一个“两度法则”：

1. 匹配度

我们在演说中所选用的图片，首先要与演说的主题和内容保持一致。选用图片只有一个目的，那就是用来增强演说的说服效果，“一张好的图片，抵得过一千个文字”。让听众不仅听到，还要看到，更要感觉到。

2. 专业度

我们在演说中所选用的图片，还需要在品质上更加专业。不仅能够说明问题，更要给听众以视觉的冲击力和震撼的效果。“功夫用在平时，心思放在日常”。这就要求我们做一个有心人，在平时多收集一些好的图片，并做好分门别类的管理。这样才能在关键的时刻，避免“巧妇难为无米之炊”的尴尬。

故事——人们都喜欢听故事

故事是大部分人理解这个世界的方式。没有人能够拒绝故事的吸引力。人们总是希望能和自身的生活经验结合起来，有熟悉的画面，熟悉的味道。讲故事更利于传播信息，听故事是人类获取知识的基本方式。人们对于故事的热爱，从市井生活的巷尾杂谈，到肃穆深厚的宗教经典；从宏大的民族英雄传说，到孩童间的寓言童话，无处不在。甚至可以说，人的一生就是在聆听、经历、记忆和遗忘一个个故事之中走向结束的。

故事成为最好的信息载体。没有故事，就没有观众。没有传播，也就无法入耳、入脑、入心。柏拉图说：“谁会讲故事，谁就控制世界，谁就拥有整个世界。”一个精心讲述的具有叙事理性的故事，比专家们用准确的事实所做的证言更有说服力。通过讲述一个听起来清晰明了、逻辑严密的故事，暗中表达态度和立场，输送价值观，从而不动声色地影响个体的认知和判断。在人性层面上，通过讲故事的方式与聆听者建立情感共知和关系认同，把事实和道理的力量转化成情绪和情感的力量。人们愿意相信故事中潜在的源自真实、源自经验，富有秩序的权威声音——这种权威让人们相信故事中逻辑的自洽，故事所影射的现实秩序的合理，让人信服和感到安全。

好故事的三个标准：

1. 真实

真实是对故事本身的要求。真实是一个好故事最基本的前提和最崇高的追求。这个“真实”不是说故事的一切要完全符合现实，也不是反对浪漫、幻想或者荒诞的手法，而在于这个“故事”对世界的“真实”有某种发现，并通过故事的言说表达出来。好的故事追求的真实，是关于人的生活、人的生命的真实。

2. 真情

真情是对故事表达的要求。故事的内容可以各有不同，演说者的风格也可以多种多样，但是有一点是一样的，那就是——有真感情，就是好文章。言为心声，好故事能够征服听众，一定是演说者饱含真情的心声。通过演说者的真情流露，给予听众场景的带入感。

3. 有意义

有意义，是对故事价值的要求。我们听演说者演说的时候，会有一种这样的境界：对方说的不是他自己的话，对方说的是我们一直心里想说却无从表达的话。通过演说者对故事的讲解，引发听众强烈的共鸣感。

数据与表格——数据与表格的魅力

也许人们会觉得数字冰冷，太过理性，没有情感，但那要看放在什么场合、什么语境中。人们在接收信息的时候，本能促使先用左脑加工。所以，数据、表格有助于人们的判断、推理。提供一些数据、表格，有助于人们的自我说服。

乔布斯就是一个善用数字的演说高手。乔布斯在2001年发布的全新产品iPod，其中最大一个亮点就是5GB的容量。在听众听来，5GB不知道有多大，于是乔布斯进一步将它数据化——可以下载1000首歌装在里面。于是，那句著名的广告词就诞生了：将1000首歌装进口袋。

图表的魅力在于让信息一目了然，使复杂问题简单化。我们用语言难以表述清楚的东西，如果借助图形来说明，效果就会好得多。

数据与表格的运用，应注意三个方面：

1. 内容的权威性

我们给予听众的数据和信息必须是准确的、权威的，是经得起推敲和检验的。这就要求我们在准备演讲稿或课件的时候，要对所引用的内容进行多方求证。

2. 形式的简洁性

少就是多，多就是少。太过复杂的形式，只会让人眼花缭乱，记不住该记住的内容。这就要求我们对于数据与表格的呈现，要做到一目了然，简单明了。

3. 逻辑的关联性

演说中所提供的数据与表格，必须与所要讲述的观点有内在的逻辑关系，能够支持所讲的观点。这就要求我们做到以终为始、层层递进，能够自圆其说。

权威论断——人们更愿相信权威

人类的特点之一就是相信权威。权威对我们生活中的影响力之大，有时候甚至会在无形之中，改变我们对事情的看法与决策。既然人们如此相信权威，我们在演说的过程中就要充分地利用这一点，从而更好地达到说服的效果。权威论断主要来自以下两个方面。

1. 权威的人物

人微言轻，人贵言重。一个人要是地位高，有威信，受人敬重，他所说的话及所做的事就容易引起别人重视，并让人们相信其正确性。这对我们的启示就是，在演说中可以多引用名人名言或经典语录作为佐证。借助权威人物的言论，增强我们演说的权威性。

众所周知，习近平同志的演说引经据典、广征博引，妙语连珠地表明立场、阐述观点，引发了强烈的共鸣，获得了国际社会的一致喝彩。具体说来，他演讲中的引经据典，包括五个方面：以古诗、古词为典，诗情画意、富有文采，利于表情达意；以古语、成语为典，既言简意赅，又寓理深刻；以民间俗语、外国谚语为典，十分用心，很接地气，且很有说服力；以影视剧入典，很亲切，很风趣，很有现代活力；以文学作品入典，文艺范十足，清新之风扑面而来。

演说中的这些用典，无不起到释疑解惑、鞭辟入里、画龙点睛、清新活泼之妙。或寄主旨意图于其中，或化刀光剑影于无形。现摘举三例：

八仙过海，各显神通

原文：发挥优势是合作成功的关键。中美各地优势领域各具特色，互补性很强。双方应该因地制宜，“八仙过海，各显神通”。（2015年9月22日，西雅图，习近平在中美省州长论坛上的讲话）

释义：出自（明）吴承恩《西游记》第81回：“正是八仙过海，独自显神通。”原指八位仙人法力无边，在过东海时铁拐李建议将各自法宝投于水面各自过海，结果八仙各自渡过了东海。现引申为做事各有各的办法，也有各自拿出本领比赛的意思。

只争朝夕 / 行事要趁机会好

原文：中国人常说“只争朝夕”。西方人则讲究“行事要趁机会好”。中美地方合作正当其时。希望各位积极推动两国各省州抓住机遇、乘势而上，共同谱写中美地方合作新篇章。（2015年9月22日，西雅图，习近平在中美省州长论坛上的讲话）

释义：“只争朝夕”出自毛泽东《满江红》词：“多少事，从来急；天地转，光阴迫。一万年太久，只争朝夕！”

国虽大，好战必亡

原文：中国人2000多年前就认识到了“国虽大，好战必亡”的真理。中国历来奉行防御性国防政策和积极防御的军事战略。我愿在此重申，无论发展到哪一步，中国永远不称霸，永远不搞扩张。（2015年9月22日，西雅图，习近平出席华盛顿州当地政府和美国友好团体联合举行的欢迎宴会并发表演讲）

释义：出自《司马法》。原句为“国虽大，好战必亡；天下虽安，忘战必危”。它辩证地分析了战争与国家兴衰的关系：好战的国家必然灭亡，而没有战备的国家就会处于危险之中。

2. 权威的媒体或机构

权威媒体包括两大类：一类是官方机构，政府或者企业的官方正式媒体；另一类是具有较大影响的非官方大型媒体。权威机构是指行业里具有一定的行政权力，或在业内学术研究水平居一流的专业机构。在演说中我们应多借用权威媒体所提供的数据或图片。

例 1：1977 年，*Book of List* 杂志发表了 1973 年“最恐惧事物”调查结果。3000 名受访美国居民中，41% 提及害怕“公开演讲（speaking before a group）”，排名第一，而“死亡”选项排名第六。

例 2：2013 年，“信不信由你”伦敦博物馆发表的针对 2000 名女性的“恐惧事物”榜单显示：“失去亲人”“被活埋”“在公开场合演讲”位列前三甲。“死亡”仅排名第四，“火”排名第五。

第四节　善用说服技巧

说服就是通过各种常规的以及非常规的方法，使对方接受或改变某种观点、信念以及你的各种要求。现代心理学认为，说服别人不是靠渊博的知识，而是靠准确地掌握对方的心理，并施以适当的技巧。真正的说服高手其实是善于攻心的强者。需要说明的是，所有的技能技巧只有在有需求的前提下才能发挥作用。比如说游泳这门技能，只有在你想去游泳的前提下才能发挥作用；开车这门技巧，对于我一个有驾照的人来说，就没有吸引力了。同样，说服技巧的应用，取决于你的听众有被说服的需求。比如，他确实想加盟你的公司；他确实看好你的项目，想投资你；他确实想了解你的新产品，以决定是否购买；等等。

每个人的演说风格不一样，说服听众的方式也不一样。在员工激励培训、项目提案、竞聘演说等演说场合中，常用的有三种说服技巧。

对比式

西奥迪尼在《影响力》一书中提到过，人类在认知方面有一种心理学现象：两样相当不同的东西一前一后地拿出来，我们往往会认为两者的差距，比实际上的更大。比如：先后拿出轻与重的东西，会觉得后面重的更重；先说好的，后说坏的，会让人觉得后面坏的更坏。所以，很多精明的商家先给顾客看贵的东西，后面再拿出便宜的，消费者往往觉得后面的东西特别地便宜，便下了单。这就是运用了人的对比心理。

电影《勇敢的心》中，苏格兰的士兵为什么被华莱士的战前动员说服，回到战场英勇杀敌？华莱士其实运用了一个说服技巧——对比。

是啊，战斗，你们也许会死。逃跑，你们就会活下去，至少能活一阵子。但是，你们愿不愿意用从今往后的全部岁月去换取一个机会——只有一个机会，回到这里告诉我们的敌人，他们也许能夺走我们的生命，但是，他们永远夺不走我们的自由！

对比式说服技巧可以广泛运用在商业或生活的各个方面。如果我们开一个新产品的发布会，也可以用对比式：用产品之前是怎样，用产品之后是怎样。培训行业的学习顾问就常用这招：说服准客户报名埋单的时候讲故事。讲他的同行，没有参加某某老师的课程学习之前，企业是怎样，老板是怎样，团队是怎样；参加完学习之后，企业、老板、团队又是怎样。往往这样一说完，准客户就心痒痒，不知不觉被说服埋单上课了。

并列式

并列式说服技巧，是将有平行关系的分论点或论据进行阐述。

比如，如何成功说服吸烟者戒烟。从利害关联维度，按并列式罗列：

影响健康——自己的健康、家人的健康；

影响财务——每天、每月、每年的财务支出；

影响职场发展——人际疏远、公众场合被排斥。

再举例：企业家必须选择“90 销售系统”课程的理由，用并列式：

课程的实用性——针对大量调研汇总了企业经营管理的十大模块问题，提供案例、方法和工具；

导师的实战性——知名企业高管出身，行业从业经历 15 年以上；

学习模式的实效性——授课 + 分享 + 现场改进 + 90 天落地辅导。

再针对每一条，加入各种素材逐一展开演说。

递进式

递进式主要是讲逻辑层次上的递进。

给大家讲一个讽刺小故事：

有一天，一个老农在去耕地的路上，捡到一枚鸡蛋。于是，他不去耕地了，兴冲冲地跑回家，坐在椅子上，对着鸡蛋无限遐想，脸上露出了幸福的笑容。

老太太就问他：“只是捡了一个鸡蛋而已，为什么这么开心？”

老农开始递进式畅想：“你想啊，一个鸡蛋可以孵化小鸡，小鸡又可以生蛋，蛋生鸡，鸡生蛋，这样循环下去，慢慢地，我就有钱，有钱了我就开个养鸡场。我慢慢地变得很有钱。”

“你很有钱之后打算做什么呢？”老太太再问。

“我首先要改善家里的生活，吃好一点，房子也要重新修缮；我还要给自己添置几身像样的衣服；我要开始健身做美容，使自己看起来健康年轻一点。”老农闭上眼睛，摇晃着脑袋，一脸幸福满足的笑容，继续说，“然后，我再打算给你一笔遣散费，再找个年轻漂亮的小老婆……”

“啪！”鸡蛋被老太太抓过来，一把砸在地上，恨恨地说，“我叫你找小老婆，我叫你找小老婆！”

用这个讽刺故事，给大家演示了递进式说服技巧。当然，递进式说服要看主题、看场合、看对象。否则，小心你的“鸡蛋”没了！

培训中我们常见的马斯洛需求模型，就是典型的递进式演说模型。

第五节　说服训练

优秀的演说者有能力吸引听众，说服听众，动摇他们的观点，改变他们的观点，甚至可以化敌为友。这种说服对方同意、支持己方立场观点的能力，就是说服力。通过一定的技巧训练，我们可以有效提升自己的说服力。

30 秒关联

这里向大家推荐一个我经常采用的提升说服力的基本功训练，30 秒关联训练，以此训练我们的快速反应、逻辑思维和语言的组织及表达能力。具体操作如下：

第一，选择一个固定主题，选择若干个物品。请注意：物品与主题的关联度越弱越好。

第二，要求在 30 秒之内，将物品与主题有逻辑地关联，并很流畅地表达出来，而且不能造句。

比如，主题是责任，物品是水杯。我们不能简单地造句：将水杯放回固定的位置，是阿姨的责任。而是要积极地展开大脑思维及语言组织，可以这样说：

如果让你选择员工只有一个标准，你会选择什么？能力、学历、资源、业绩？我会选——责任心！给大家讲个故事，前些日子，公司有一场接待，贵宾对具有民族特色的水杯情有独钟，而公司的后勤准备的都是常规用的茶杯，时间紧任务重，这个时候，后勤采购王超站了出来……

大家看，在30秒之内，物品与主题关联起来了。

两种推理模式

1. 演绎推理

演绎推理，是一种从普遍性结论或一般原理推出个别结论的推理方法。推论前提与结论之间的联系是必然的，是一种确实性推理。

演绎推理就好比顺藤摸瓜，一环接着一环，反映了论据与论点之间由一般到个别的逻辑关系。如果我们有了正确的前提，并且把思维规律正确地运用于这些前提，那么，结果必定与现实相符。

运用演绎推理时，首先，要正确掌握作为指导思想或依据的一般原理、原则；其次，要全面了解所要研究的课题、问题的实际情况和特殊性；然后才能推导出一般原理用于特定事物的结论。

演绎推理包括三段论、假言推理和选言推理等。在这里，我们重点训练大家的“三段论”逻辑。

三段论是演绎推理中的一种简单推理判断，是演绎推理中的一种正确思维的形式，包含三个部分：大前提、小前提和结论。其中，“大前提”讲的是已知的一般原理；“小前提”讲的是所研究的特殊情况；“结论”是根据一般原理，对特殊情况作出判断。

“三段论”的概念最早由亚里士多德提出，是人类最基本的逻辑推理方法。最为人所熟悉的典型例子是：

凡人都会死（大前提）。

苏格拉底是人（小前提）。

所以，苏格拉底是要死的（结论）。

这是一种最常用的推理形式，基本规则是：

第一，它只能有三个概念；

第二，每个概念分别在两个判断中出现；

第三，大前提是一般性的结论，小前提是一个特殊陈述。

比如：我的公司是一家受人尊敬的公司。

大前提：受人尊敬的公司都有一套以人为本、仁爱利他的核心价值观体系。

小前提：我们公司倡导客户第一、一切以员工的成长为根本。

结论：我的公司是一家受人尊敬的公司。

2. 归纳推理

归纳推理是从认识研究个别事物到总结、概括一般性规律的推断过程。自然界和社会中的一般，都存在于个别、特殊之中，并通过个别而存在。一般都存在于个别具体的对象和现象之中。因此，只有通过认识个别，才能认识一般。这种认识秩序贯穿于人们的解释活动中，不断从个别上升到一般，即从对个别事物的认识上升到对事物的一般规律性的认识。

归纳推理像在沙里淘金，把相同的东西汇集到一起，得出一个结论。归纳推理包括了完全归纳推理和不完全归纳推理。在这里，我们重点练习不完全归纳推理中的简单枚举归纳推理。

简单枚举归纳推理是归纳推理中最简单的一种方法。在一类事物中，根据已观察到的部分对象都具有某种属性，并且没有遇到任何反例，从而推出该类事物都具有该种属性的结论。民间的许多谚语，如“瑞雪兆丰年”“础润而雨，月晕而风”“鸟低飞，披蓑衣”等，都是根据生活中多次重复的事例，用简单枚举归纳推理概括出来的。

简单枚举归纳推理的结论是或然的，因为其结论超出了前提所断定的知识范围。要提高简单枚举归纳推理的可靠性，首先，枚举的数量要足够多，考察的范围要足够广；其次，考察无反例。我们通常把不注意以上两条要求因而样本过少，结论明显为假的简单枚举归纳推理称为“以偏概全”或“轻率概括”。

孟子的《生于忧患，死于安乐》这样开头：“舜发于畎亩之中，傅说举于版筑之间，胶鬲举于鱼盐之中，管夷吾举于士，孙叔敖举于海，百里奚举于市。故天将降大任于是人也，必先苦其心志，劳其筋骨，饿其体肤，空乏其身，行拂乱其所为，所以动心忍性，曾益其所不能。”

孟子通过六个具体的例子得到“故天将降大任于是人也……”的结论，从逻辑学角度来说，其实就用了简单枚举归纳推理。

以上，是我们在锻炼自己的说服力时，经常采用的几种表达逻辑。人是依赖逻辑而思考的，演说者的演讲逻辑越科学严谨，说服力也就越强。听众在倾听的过程中，就会不由自主地跟随着演说者的逻辑表达，逐渐为演说者所“捕获”，与演说者的思考并轨，最终站在了同一个思想阵营。这样的过程，就是一个“说服”与“被说服”的过程。

第四章

说动——立即行动

第一节 行动背后的逻辑

人们无论是听演讲、听课，还是与人沟通，目的都是为了改变。更精准一点说，是为了让现在变得更好。

听健康讲座，是为了改变健康观念，掌握健康方法，让自己更健康。

听企业管理课程，是为了改变企业管理的认知，掌握企业管理的方法，让企业管理变得更高效、更规范。

学习行动式演说，是要改变自己过去不敢说、说不好的现状，变得敢说，说得娓娓动听、头头是道，最终影响他人立刻行动！

没有行动，一切归零

想要有所改变，一定要付诸具体的行动。

然而，在现实中，大多数人在听完讲座、演说、课程之后是怎样的情况呢？有一句经典的总结，那就是——听听激动、想想感动、之后一动不动。

这种情况的发生，固然有听众自身的主观原因——环境不容许、懒得行动；但作为一个演说者，要从演说的角度进行反思：

为什么我的演说对他没有改变？

或者说，为什么我的演说没有让他立刻采取行动？

人们行动的逻辑

我们先来看看人们行动背后的逻辑：

十四年前，因为一个偶然的机会，我得以参加了卡耐基教育华东区负责人梁志成老师的一堂课。其中“人际关系与职场发展”的观点，对我触动非常大。于是，我从初到上海工作了三年的一家知名民营幼教集团辞去高管职务，重新选择就业机会。

当时，我有三个入职机会：第一个是上海法制日报社的编辑；第二个是三湘集团的法务助理；第三个是行动教育的学习顾问。需要补充说明的是，我的大学专业是法律。说实话，当初日报编辑和法务助理的待遇、工作环境都比行动教育的学习顾问要好很多，但我为什么最终选择了对自己极具挑战性的行动教育的学习顾问呢？在这里，我与大家揭秘我当时的选择逻辑。

首先，我思考了三个问题：

我自己最想获得什么？

我希望建立怎样的人脉关系？

我在哪里可以实现我的以上两个目标？

思来想去，我得出如下两个结论：

我自己最想获得的是学习和成长。最好能经常参加类似卡耐基教育这样的培训；

我希望结识成功富有的人士。有人说，你的收入是你日常密切交往的五个人的平均值。

而培训公司能实现我的以上目标。在投了与自己专业相近的两份简历后，我正好看到初到上海创业的行动教育在招聘。

我看到招聘启事上这样写着：

①公司提供持续的学习机会；

②学习顾问的核心职责是将公司的培训产品推荐给企业家；

③公司刚将总部从昆明迁到上海；

④公司的总教练是李嘉诚先生的合作伙伴李践先生；

⑤公司即将举办为期 5 天的免费的新员工入职培训。

尤其让我动心的是第三条"公司刚将总部从昆明迁到上海"和第五条"公司即将举办为期 5 天的免费的新员工入职培训"。大家想想看，这是 14 年前的招聘啊。我立刻开始一连串的思考：

培训公司——不正是我想要的可持续学习和成长的平台吗？

客户也就是结识的人脉——民营企业家；

公司刚到上海创业——嗯，比其他成熟型公司机会要多；

总教练是李嘉诚先生的合作伙伴李践老师——这是不是意味着，如果能进这家公司，我就能接触到李践老师，进而接触到李嘉诚先生呢？如果能和李践老师一起工作，如果有机会见到李嘉诚先生——哇哦！那份心情你们懂的，激动到无以言表！

尤其是后面那条：最近、马上、很快了，就有一场为期5天的免费的新员工培训——啥也不说了，赶紧投简历吧！

于是，我先后拒绝了法制日报社编辑、三湘集团法务助理的机会，直接入职了行动教育的学习顾问岗位，开始了我从小伙伴到副总裁到企业家导师的行动之路。

通过以上案例，我们可以总结出人们采取行动的逻辑：

先脑动：思考，想清楚一些问题。

再心动：想象场景——做了会怎样？不做又会怎样？

最后行动：哪些条件、哪些因素促使自己立刻采取行动。

了解了人们采取行动的逻辑之后，接下来我们要做的就是技巧的应用：

如何演说才会激发听众动脑？

如何演说才会让听众动心？

如何演说才会让听众动身立刻行动？

这也是本书接下来要解决的核心问题，提供核心的解决方法，帮助我们的演说实现“说动”的目的。

第二节　脑动——震撼开场

我们知道，人们在接收信息的时候，会优先左脑加工，也就是推理、判断等逻辑思考。延伸到我们的演说当中，要想让听众最终行动，中间必须让他持续地心动，那么一开场就要让他先脑动——引发他的无限思考。

首因效应

演说中，震撼开场为什么重要？

美国心理学家洛钦斯首先提出了“首因效应”，也叫首次效应、优先效应或第一印象效应。用一句话来表达就是，交往双方形成的第一次印象，对今后交往关系的影响，也即是“先入为主”带来的效果。虽然这些第一印象并非总是正确的，但却是最鲜明、最牢固的，并且决定着以后双方交往的进程。

如果一个人在初次见面时给人留下良好的印象，那么人们就愿意和他接近，彼此也能较快地取得相互了解，并会影响人们对他以后一系列行为和表现的解释。反之，对于一个初次见面就引起对方反感的人，即使由于各种原因难以避免与之接触，人们也会对之很冷淡，在极端的情况下，甚至会在心理上和实际行为中与之产生对抗。

英国著名形象设计师罗伯特·庞德曾讲过："这是一个两分钟的世界。你只有一分钟展示给人们你的形象，另一分钟让他们喜欢你。"这就是第一印象的重要性。一场好的演说也是一样的。你在开场的前 30 秒留给听众一个什么样的印象，将决定他们接下来要不要继续听你的演说，或者要不要全身心投入听你的演说。

行动式演说主张：开场就要震撼，"一上场，就震住全场"。震撼开场有三大好处：

1. 可以瞬间吸引听众的注意力

一个成年人在一件事情上的注意力一次只有 15 分钟。所以，能否及时有效地抓住听众的注意力，将直接决定演说的成败。武术高手在对决的时候，常常是一招就分胜负。演说高手在演说时，一上台就可见分晓。一个演说者在上台的前 3 分钟就要能够吸引住听众的眼球或注意力，这样才能保证听众的思维焦点不会游离。

2. 可以瞬间建立与听众的信任感

大部分的时候，演说者和听众是第一次见面，听众对演说者是陌生的，不熟悉的。通过震撼开场的方式，可以快速拉近演说者和听众之间的心理距离，建立与听众之间的信赖感，为接下来的演讲营造一个和谐的氛围。

3. 可以瞬间建立演说者的自信心

人有三怕，怕高、怕火、怕上台。不管多厉害的演说高手，上台的前三分钟他的心跳都会本能地加快。高手和低手的区别就在于，高手可以控制并缩短心跳加快的时间，而低手只能任由心跳加快，影响正常的表现。通过震撼开场，可以迅速建立演说者的自信心，快速缓解因紧张而带来的不自然、不自在，做到自信满满，能量爆棚。

具体应该怎么来做呢？与大家分享震撼开场的一个原则和三个方法：

一个原则：30 秒内建立联接

要做到震撼开场，演说者必须要把握的一个原则是：在开场的 30 秒之内，与听众建立至少一次的联接。大家请注意这句话，开场的 30 秒之内，必须要与听众建立至少一次联接。这种联接可以体现为什么呢？如下：

上场 30 秒之内，至少与三位粉丝听众进行互动，可以是眼神的交流，可以是肢体的接触，可以是语言的对话。

上场 30 秒之内，让听众为自己或者演说者的表现鼓一次掌。

上场 30 秒之内，立刻让听众笑起来。

过去我在“企业大学模式”课程开场的时候，我是这样做到“30 秒内建立联接”的：

> 不是每一朵鲜花都代表爱情，玫瑰做到了；
>
> 不是每一棵树木都代表正直，白杨做到了；
>
> 不是每一位企业家都会选择走进“企业大学模式”成为校长型企业家，在座的各位做到了。

掌声——给自己！

我运用语言的提示，30秒之内让企业家学员们为自己鼓掌，建立联接。

激发三心：好奇心、同理心和企图心

1. 激发好奇心

人天生都有好奇心：特别关注什么？为什么？做什么？为什么做？如何做？做到什么程度？等等。

激发好奇心常用的方式有五种，分别是提一串问题、展示一件物品、列一串数字、讲一个故事、放一段视频。

（1）提一串问题

在“行动式演说”的第一堂课，一开场我就提了一连串的问题，引发大家动脑思考，激发好奇心：

为什么台下侃侃而谈，上了台就语无伦次？

为什么在台下背得滚瓜烂熟的演说稿，上了台就不知道跑哪儿去了？

为什么有些人一开口就震撼全场，而有些人一开口就砸场？

为什么人在公众面前做一个简单的自我介绍都会说成：大家好，我姓熊，熊猫的猫。

（2）展示一件物品

在“企业大学模式”的课程现场，在“我有一个校长梦”演说PK的环节，我记忆深刻的是我们有一位从事环卫行业的校长，他当时上来作他的校长梦演讲，讲到要在他的企业里面建立一所大学，要培养他的员工，让他的环卫工人更加职业化、工作更加高效，从而赢得世人的尊重。当时他上场的时候，穿着一身环卫工人制服，带了一个扫把上场，我们一下子就被他手上拿的那个扫把给吸引住了。

善用一个物品，能极大地增强演说的魅力。乔布斯曾经在 iPhone 的新品发布会上“故弄玄虚”，他把 iPhone 藏在口袋里，却在 PPT 上给出一个装有拨号键盘的音乐播放器。一瞬间，这个奇异的小物品点燃了全场听众强烈的好奇心，听众情绪在那一刻被乔布斯牢牢掌控，成就了乔布斯演说史上最经典的场景之一。

（3）列一串数字

我在伊舍商学院做讲师的时候，有一位人力资源的主管上台来作一个主题演讲——“校招的力量”。他一上场就带给我们一连串的数字，他是这么说的：“在座各位（伊舍的）家人，你们知道吗？去年 4 月开始校招，截至 7 月，3 个月的时间，我一共筛选了 1200 份应届生简历，打了 500 个电话，面试了 200 个人，最后留下了 60 人参加培训。到今天为止，我们 30 位被评为合格的店长中，其中有 26 位就是来自那批参加培训的 60 人。今天，我要给大家分享的主题就是‘校招的力量’。”他一上场，就说出了一连串的数字，引发大家动脑思考，激发了大家的好奇心，他到底要讲什么呢？结果是什么呢？直到最终说出主题“校招的力量”。

（4）讲一个故事

李践老师在“赢利模式”课程开场的时候，都是先讲他自己的故事，一下子就吸引了企业家学员。故事的开头是这样的：“很多年以前，我和各位一样，没有资源，没有背景，甚至没有很高的学历。小时候我在四川的农村长大，曾经沦落成乞丐……”这样的开场，立刻激发了学员的好奇心。

（5）放一段视频

令我印象深刻的还有一次，是在玖零集团的一次论坛上，董事长林姝宏老师以“生命不息奋斗不止；生命不息学习不止”为主题的演讲。一开始她就讲述了她与褚时健及其老伴马大姐之间的故事；而后又讲了她与王石先生之间的故事，加上她本人对“生命不息奋斗不止，生命不息学习不止”的实践感悟，立刻深深地震撼了我，也是促进我二次创业，选择与林董合作的核心原因。

如果你开场时故事也讲不来，问题也提不来，也没有数字，没有道具，那怎么办呢？这个时候我们可以借助多媒体。比如说，放一段很有吸引力、冲击力的视频。请注意一定要是跟主题相关的视频，这也是一种非常好的激发好奇心的方式。

在一家做节水洁具的企业的新产品推广的招商会上，公司总裁亲自上台做新品发布。一开始就播放了一个震撼的视频——大屏幕上中国西北地区一个个严重缺水的重灾区：干涸的稻田、开裂的土地、深不见水的水井、干裂的嘴唇……这些都深深地刺痛着人们的眼球，撞击着人们的大脑，冲击着人们的心灵，吸引了听众的身心。

2. 激发同理心

（1）自嘲

在TED舞台上，有一个身体有残疾的人上去作演讲。他一瘸一拐地走上台，确实像喝醉了的人一样。听听他的震撼开场：“我没有喝醉，是三十年前给我接生的医生喝醉了。”原来在30年前，他出生的时候，一场医疗事故导致了他现在的这种残疾。他一上台就拿自己自嘲，立刻赢得了场下人热烈的掌声。

行动教育有一位讲“奇胜营销”的张晓岚老师。张老师是广告界的营销策划大师。他留着长长的卷发，还有他的胡子就像马克思的一样。穿的服装跟我们平时的老师都不一样，穿着沙滩裤和图案夸张的T恤。每次上台他都看得出学员对他形象的诧异，索性自嘲一番：“人们每次见到我的时候，都以为我是一个艺术家。其实，我不是艺术家，我只是长得像艺术家。”每次讲完这句话，立刻就赢得了台下学员热烈的鼓掌。

自嘲，通常会拿自己的长相、经历、职位等进行自嘲。我们常听到马云和俞敏洪演讲，他们就是自嘲的高手。他们经常拿自己的长相、自己考大学的经历先进行自嘲式开场，迅速建立与听众的联接。

（2）示弱

比如，“今天站在这个讲台，我真的很紧张，我紧张得要死，我已经跑了三趟厕所了”，几句话就把演说者的这一份紧张，很自然、很坦诚地呈现出来，这个叫示弱。当你这样讲完，台下的听众一定会给你热烈的掌声。

再举例，有一次行动教育的年会上，所有导师团的导师都要上台做一个分享。我们导师团当中，有来自国际公司的，或来自世界500强的，只有我本人是我们行动教育内部培养的。轮到我的时候，我就示弱了：“我没有某某老师国际公司的背景，我也没有某某老师世界500强公司高管的经历。我就是我，一个从小伙伴成长为企业家导师的、行动教育本土制造的汤筱君。”一个“本土制造”的示弱，让我立刻赢得了全场伙伴们的掌声鼓励。

（3）关注弱势群体

在TED舞台上，有一个黑人贫民窟的社区工作者的演讲，他是这样来震撼开场的：“在美国孩子成长的道路上，有两个机构在监督着这段旅程。第一个，就是我们大家所熟知的大学。但是大学呢，有一个缺点就是学费昂贵，经常会让学生负债累累。但不管怎么样，这还是一条不错的路。而我今天跟大家谈的是监督孩子成长的第二个机构，这个机构就是监狱。”抛出来的这个话题，正是大家共同在关注的一个弱势群体的话题，立刻激发了听众的同理心，引发了他们的思考。

3. 激发企图心

（1）愿景描述

假设行动教育的招聘主管要去作一场校招演讲：

“各位同学，请想象一下你两年后的职场生活：你所在的公司是行业的领先品牌；你的年薪已经达到了 30 万；你经常跟随世界顶尖级的管理大师学习。

“作为一家成立了 17 年的教育机构、作为企业管理教育第一股——行动教育，我们也许不能直接改变你的命运，但能提供你改变命运的机会；我们不会强制你学习，但会为你营造一个自动自发、学习成长的氛围；我们不会为你直接搭建优质的人脉关系，但能为你架构接触优势人脉关系的桥梁；我们不能让你一下子成为像 ×× 一样令人尊敬的企业家导师，但会为你规划成为企业家导师的路径……

“如果你想通过自己的努力改变自己及家族的命运；如果你想出校门后还有持续学习与成长的平台；如果你想拥有优质的人脉关系；如果你期望未来能像 ×× 一样，成为令人尊敬的企业家导师；那么，选择行动教育吧！”

这个就是通过愿景描述作感召，激发他们进一步了解企业的企图心。

（2）放大梦想

最经典的放大梦想、激发企图心的案例，莫过于乔布斯感召百事可乐副总裁的故事：当年，乔布斯希望挖走百事可乐副总裁约翰·斯卡利 (John Sculley)。但斯卡利思考了很久，还是不想放弃自己现在的事业，表示双方还是做朋友吧。这时，乔布斯说出了至今仍然被视为“最好的销售广告词”，也是最具梦想诱惑的话："你究竟是想一辈子卖糖水，还是希望获得改变世界的机会？"斯卡利瞬间被这句话打动，离开了百事可乐，成为苹果的首席执行官。

（3）标杆对比

电影《首席执行官》中，不论是总工程师，还是CEO凌敏，对车间主任李大茂在产品品质方面的说服，都运用了标杆对比。

车间主任李大茂："这怎么就成三等品了？就这么一点毛病。"

总工程师："你喊什么呀，我这是按德国标准，知道吗？"

车间主任李大茂："我们生产的是中国冰箱，不是德国冰箱，你怎么老拿德国的标准要求我们呀？再说了，德国人吃什么？牛肉，黄油。我们中国人吃什么？咸菜，稀饭。"

CEO凌敏："咸菜、稀饭怎么啦？人家吃牛肉、黄油，是用高标准干出来的。你要想吃，你也得这么干。要不然，连稀饭、咸菜都吃不上。"

以上这些表达技巧，都是帮助我们让听众"脑动"的实用技巧，掌握方法，坚持练习，必将对我们的演说大有裨益。

第三节　心动——激情互动

如果说“脑动”是人的左脑思维过程，那么“心动”则是人的右脑工作的结果。而人的右脑是主持想象力的，讲究感觉、感受。就像我当初最终选择进入行动教育，是因为通过前面的思索，将三个问题想清楚了之后，开始想象让成功富有的人士（也就是企业家）叫我一声“汤老师”的感觉，想象能和李践老师一起同台演讲的感觉，想象万一有一天能见到李嘉诚先生的感觉，所以，我就心动了。

具体到演说中，经过震撼开场的一个原则和激发“三心”，让听众“脑动”，引发了听众的诸多思考。接下来，如何将听众的注意力从他们的左脑带到右脑，从理性的思考带到感性的感受，从而让他们进入“心动”的阶段呢?

演讲中要达到令听众心动的效果，就要强化视觉、听觉及其他感觉，让听众看到、听到、感觉到你的演讲想要表达的真正内涵。

在这里和大家分享三种行之有效的方法，分别是视觉法、听觉法和体验法。

视觉法——看到

我们常说，“眼睛是心灵的窗户”。为了使演讲更加丰富，更加生动，我们会在演讲中使用一些辅助的工具。一是为了增加视觉效果，以吸引听众的注意力，瞬间唤起听众的兴趣，集中听众的注意力。就像一道原本无盐无味的菜，加上了合适的调味品，立刻就变得美味可口了。二是可以帮助听众理解我们所要传达的信息。三是可以加深听众的记忆，听众的记忆是由感觉和想象所产生的，工具的使用会强化他们的感觉，并使他们获得深刻的印象。通过图片、视频、实物等辅助工具的呈现或展示，刺激听众的视觉神经，进而触及人的心灵。

1. 图片

“一张图片，胜过一千个文字”已经是不争的事实。研究表明：一个人能记住 10% 他们所听到的，20% 他们所阅读到的，但是却能记住 80% 他们所看到的！人对图像的理解能力也比文字快 60 000 倍。在日常生活中，我们要做一个有心人，建立一个图片资料库，主动收集一些好的照片或图片，做到日积月累。图片库可以分为三大类：

风景类：赏心悦目的风景图片，可以让人在视觉上得到美的享受。

纪实类：反映社会新闻热点的纪实图片，可以给人更直观和真实地感受。

创意类：有创意的背景图片，可以让我们的课件显得更加专业、大气和国际范。

2. 视频

视频的运用能起到画龙点睛的作用，而且视频能够展示细节，显得更加生动。视频比照片更真实，更直观。经过精心挑选的视频，在演说中可以作为打动听众、赢得共识、引发共鸣的有效工具。视频的来源有三大类：

网上下载：网络上有很多制作精良、短小精悍的视频，可以直接下载。

视频剪辑：看电视剧或电影的过程中，看到精彩的片段，可以用视频软件剪辑。

自己录制：根据主题的需要，亲自录制一些小视频，更有针对性。

3. 实物

当你演讲过程中需要介绍某物时，如果实物大小合适，可以直接使用实物；如果实物过大，可以使用相应的模型，这会增加听众的体验感。

听觉法——听到

如果说“眼睛是心灵的窗户”，那么“耳朵就是心灵的雷达”。通过演说者的讲述、演绎，或者特殊音效，刺激听众的听觉神经，进而触动听众的心灵。

这也是很多优秀的演说者，往往会在演说中适当地加入一段音乐、一首歌曲，增强演说的效果的原因。

配乐朗诵就是我特别喜欢的一种演说形式。

比如，“企业大学模式”课程。通过三天的学习，企业家学员们对要成为一个有使命驱动、梦想感召，以及持续增长、以人为本的校长型企业家，思想、理念上达成了高度一致，这唤醒了他们心中的校长梦。在课程结束的时候，我特地用了一段配乐散文诗，最后作一个心灵情绪的感召。

我精心选择的背景音乐是《英雄的黎明》，散文诗是阿拉伯文学的奠基人纪伯伦先生的《带着爱去工作》，非常优美。

（背景音乐）

生活的确是黑暗的，除非有了希望，

一切希望都是盲目的，除非有了知识，

一切知识都是徒然的，除非有了工作，

一切工作都是空虚的，除非有了爱；

当你们带着爱工作时，你们就与自己、与他人、与上帝合为一体。

什么是带着爱工作？

是用你心中的丝线织布缝衣，仿佛你的至爱将穿上这衣服。

是带着热情建房筑屋，仿佛你的至爱将居住其中。

是带着深情播种，带着喜悦收获，仿佛你的至爱将品尝果实。

是将你灵魂的气息注入你的所有制品。

是意识到所有受福的逝者都在身边注视着你。

亲爱的校长们，让我们一起——

带着爱去建设企业大学，仿佛正在建设一座百年名校；

带着爱去培养员工，仿佛就是在培养自己的孩子；

带着爱去工作，仿佛你就是天堂的使者；

带着爱去创造美好的未来，仿佛你已置身其中！

体验法——感受到

仅仅知道是没有力量的，信任并持续做到才有力量。通过设计让听众参与，亲身体验，增加身体的接触，会带来由身及心的触动。体验所涉及的感官愈多，就愈容易成功，愈令人难忘。

在美国，当消费者走进“雨林咖啡厅”，首先听到滋滋的声音，然后会看到迷雾从岩石中升起，皮肤就会感觉到雾的柔软、冰凉，最后消费者可以闻到热带的气息，尝到鲜味，内心被打动。“雨林咖啡厅”是连续使用五种感官刺激的成功例子。

我之前参加过一个大型的生命体验课程“战神之夜”，课程现场场景的布置深深刺激了我的听觉、视觉，引发我对生命的思索，后来的体验更是触及我的心灵深处，让我从此以后改变了自己对待亲人、对待工作、对待生活的思维与方式。

上述三种动心的方法，可以综合运用在演说的实践中，贯穿演说的整个过程，做到演说过程中与听众始终保持激情互动，以提升我们演说的感召力。

第四节　行动——高潮结尾

演说的三大根本目的：传播思想、带动情绪、感召行动。不论思想怎么认同、心情怎么共鸣，如果没有最终的行动，一场演说下来，还是那四个字：说了白说。所以，不论是告知类、感召类演说，还是激励类演说，最后一定要趁热打铁，影响他人立刻行动！

感觉是生命的全部

人们为什么会采取行动，除了我们常说的基于理性思考的趋利避害，还基于感觉上的刺激。安东尼·罗宾说过："情绪是生命的品质，感觉是生命的全部。"调动一个人的行为，只需要给到他想要的情绪和感觉，如稀缺感、紧迫感和被带动感等。

1. 稀缺感

"物以稀为贵。"少就是多，多就是少。稀有、稀少就会引人稀罕。稀缺一般指数量名额上的稀缺。

比如，招商类演说的高潮结尾，“本次现场我们只开放10个合伙人名额，仅仅10个，先到先得！”还比如，“本次现场我们的样品只有5个，仅仅只有5个，先到先得！”

2. 紧迫感

紧迫感一般指时限上的紧迫。所谓“急中生智”，是指在紧急状态下，一个人来不及过多地理性思考，更多地靠当下的感受作决定。比如，销售动员演说上常用的：“离月度冠军冲刺只剩下1个礼拜，只剩3天、最后1天。”

再比如，竞选演说：“离最后的投票截止时间只有3小时，请充分调动你智慧的大脑，理性地判断，作出最明智的选择，对你理想中的CEO人选，投上你神圣的一票！”

3. 被带动感

作为一个有感召力的演说者，最后的高潮结尾一定要具有带动性，包括语言带动、情绪带动和肢体带动等。

（1）语言带动

用坚定、自信、令人无法抗拒又蕴含修辞特有魅力的语言去带动。在高潮结尾的时候，可以采用比喻、比拟、对仗、排比等修辞方式，可以用美文美诗的配合，可以用音乐、图片的冲击等，来再次打动听众的情绪。

我们来看两个案例。马丁·路德·金“我有一个梦想”的最后一段，语言非常优美，非常有力量。

让自由之声响彻纽约州的崇山峻岭！

让自由之声响彻宾夕法尼亚州的阿勒格尼高峰！

让自由之声响彻科罗拉多州冰雪皑皑的洛基山！

让自由之声响彻加利福尼亚州的婀娜群峰！

以上排比修辞语言，分别提到美国几个州的崇山峻岭、山峰，强化表达一个意思：要让自由之声在美利坚的每一个州响起。从而在高潮结尾，把人们的情绪调动到一个统一的高度，带动听众情绪。

（2）情绪带动

在作情绪带动时，可以充分运用自身状态，比如声音、手势、表情，还有外部音效的配合，将人们的情绪带动到巅峰，以情绪影响行为。

例如，我在商业军校第一期讲师培训班的招生动员演讲中，结尾部分的演讲词是这样的：

用生命的力量，去争取每一次成长的机会。人生就是一场蝴蝶效应。生命中的一次不经意的选择，可能会影响我们的一生。从这个意义上讲，选择比努力更重要。全体钢铁战士们，如果大家能够在努力工作的同时，用生命的力量去珍惜并抓住每一次成长和蜕变的机会，借助全国的平台快速成长，我们的人生将会更有希望。

感谢集团的领导层高瞻远瞩，成立了商业军校，并及时推出第一期讲师培训班，花大量的人力、物力和财力，目的是培养一支属于集团自己的讲师团队，更好地征战全国市场。从这个意义上讲，商业军校的第一期讲师培训班，其重要性和意义就像当年的黄埔军校第一期之于国民革命。

国父孙中山的“革命尚未成功，同志仍需努力”，激励和鼓舞着广大的热血爱国青年前仆后继投身国民革命的滚滚浪潮中，最终推翻了帝制。

今天，商业军校的校长提出“牢记责任、崇尚荣誉、忠于使命、成就梦想”的校训，激励着集团1000位铁血将士树立坚定信仰，为中国健康产业的发展，贡献着自己的青春和汗水。

我们已经准备好了，你准备好了吗？

赶紧报名参加商业军校第一期讲师培训班！

让我们一起成长。加油，YES！

（3）肢体带动

高潮结尾时，带领全体听众一起做一些肢体上的训练，将极大地调动听众的情绪和行动力。肢体带动也是最具影响力的一种感召方式。

过去我经常做“100%担当责任”课程的内训，通过一天的授课互动，大家对什么是100%担当责任、应该怎么样去做到100%担当责任，在思想观念上、在情绪上都达到了高度的认同。课程最后，我还会带动学员做一个行为的训练，我会带着现场所有的人一起来做口号的训练、手势的训练。

承担责任、保证成果、不找借口、坚守承诺。

担当责任，公司有我；

担当责任，团队有我。

担当责任，家庭有我。

……

带着他们做这样的训练，就是将这种信念牢牢植入他们的血液、脑海当中，让他们有一种立刻要去承担的承诺、行动。记得每次做完这个训练以后，现场很多同学，还有企业家，边喊边流眼泪，从此以后对自己有一个承诺：再不要找借口！不推卸责任！做一个100%担当责任的人！

说动案例：脑动—心动—行动

下面和大家分享一个我亲身经历的案例。

如果按演说分类，这是一个会议销售型感召类演说。我们来分析推广老师在这个感召演说中是如何贯穿说动三部曲的。

因为个人身体健康的原因，我曾经去参加了一款健康产品的招商会。参加招商会的最终结果是，我花了不菲的价格购买了那款健康产品。当然，使用这款产品，对我的身体健康确实起到了很好的改善作用。但我怎么会在当时当下就作出了购买的决定？现在回想起来，台上推广老师就是按照这个说动的三部曲来的。

1. 先是让大家“脑动”

演讲一开始，推广老师就描述了当今人们的亚健康现状，描述了现在大家普遍都有的症状；又说到医疗现状，如就医难、费用高等，引发大家的思考：为什么会造成这样的健康现状？有没有一种方法能预防疾病的发生，甚至替代医疗？有没有一款产品能替代药品？

2. 接着让大家“心动”

首先是刺激“听觉”。通过介绍产品性能、认证专利、客户案例，加上那个老师的魅力表达技巧，听者慢慢有些心动了。

接着是刺激“视觉”。先是展示产品的图片，然后是产品实物，接下来作产品示范，还请了受益的客户上台分享产品的效果，真是有图、有真相。于是，听者的购买之心蠢蠢欲动了。

最后是刺激“触觉”。现场直接让我随行的一个女伴，离开课堂去亲身做体验。一个小时后回来，通过数据对比看到了效果的呈现及改善。那一刻，就差自己主动开口：“这个产品可以让我今天就带走吗？”

3. 使出绝招让大家“身动”

果然，老师说，今天在现场这款产品的数量只有多少，而且前五位订购者还有怎样的优惠。从现在开始倒计时，有效时间之内填写订购单的才有效……

大家可以想象一下当时的场景及听众的行动。最后我的行动还是慢了一步，产品是当场订到了，但前五位的优惠却没有享受到，因为慢了一步。

第五节　说动训练

大家都知道第一印象很重要，演讲的开场白就像我们给人的第一印象。同时，好的结尾和好的开场一样重要，我们不能前面的演讲都很好，却在结尾的时候给毁了。所以，我们要精心设计我们演讲的开场和结尾。

在本节中，我们以如何设计无懈可击的开场白为例，进行详细的讲解。

脱口而出你的开场白

开场白说得好，对于诱发听众的浓厚兴趣，说动听众的心，有着不可忽视的作用。优秀的演说家一定会精心设计每一场演说的开场白，长则5—10分钟，短则3—5分钟。因为开场白决定听众是否听你讲，决定你的演讲是否成功。

1. 无懈可击的开场

无懈可击的开场包含 6 个方面的内容，我把它归纳为“六好模式”。

第一，好问候——与现场的听众快速建立互动、亲和和信赖感。

比如，“首先问候一下，来自全国各地的各行业的精英们，大家上午好！欢迎大家来到‘执行军魂’特训营的课程现场”。

第二，好名字——演说者在正式演讲前，要让听众先记住你的名字。

比如，“我是本次课程的主讲老师和主训教官，我的名字叫杨延光。杨是杨家将的杨，延是延年益寿的延，光是光芒万丈的光。我名字中含有忠义、健康和能量。坚持做最好的自己，最大范围地支持到生命中遇到的每一个人。希望大家从见到我的这一刻起，身体更健康，家庭更幸福，事业更成功。大家愿意吗？愿意的朋友请举手示意一下，大声确认说 YES！”

第三，好故事——通过对故事的讲述，让听众对你有更深入和全面的了解。

比如，“我出生在一个军人的家庭，父亲是一位有着 20 年军龄的军医，母亲是一位农民。我继承了父亲身上作为军人所具有的正直、勇敢和坚强，我继承了母亲身上作为农民所具有的勤劳、朴实和善良，这两种爱的力量成就了今天的我和我的今天”。

第四，好人才——通过对自身优势的塑造，让听众对你的演说充满期待和好奇。

比如，“世界级心理学大师伯恩·崔西曾经说过：‘任何人持续专注在某一特定的领域，3 年成为专家，5 年成为大师，10 年成为权威，15 年成为世界顶尖。’我从 2005 年进入培训行业，到今天为止已经超过 14 年。所以，在团队内训这个领域，我可以骄傲地说，我就是团队内训方面的权威”。

第五，好梦想——通过对自己梦想的描述，让听众感受到你的未来不可限量。

比如，“三十而立，四十不惑。我已经到了四十不惑的年龄，我对自己的人生有着明确的定位，那就是旗帜鲜明地向伟大的中国共产党学习领导力，向伟大的中国人民解放军学习执行力，帮助中国民营企业建立属于自己的企业商业军校，批量培养实用型人才。我的人生使命只有四个字——教育报国！”

第六，好主题——塑造本次演讲的背景、价值和重要性，让听众更专注和用心。

比如，“执行力是所有世界五百强企业团队内训的第一课。因为没有执行力，一切等于零。团队的标杆是军队，而在全世界范围内，最有执行力、最有使命感、最有纪律性的军队，就是中国人民解放军。所以，今天我们所参加的“执行军魂”特训营课程，就是我结合过往 10 多年的培训经历和心得，精心研发的一堂尖刀课程。通过三天三夜的学习，打造一支有灵魂的钢铁军团。大家准备好了吗？”

2. 三点建议

为了能够脱口而出你的开场白，前期需要作好充分的准备。结合我的实践经验，总结下来有三点建议：

第一，用心写开场白。每个人的人生都是一部传记，每个人都是自己传记中的主角。所以，要做一个有故事的人。静下心来，对自己过往的人生进行一个全面的回顾和系统的梳理，按照“六好模式”写出自己的开场白演讲稿。在此基础上进行语法、逻辑、用词等方面的精雕细琢，做到无懈可击。

第二，做成三个版本。“认真只能把事情做对，用心才能把事情做好。”按照时间的多少，把开场白做成三个版本，分别是“一分钟精华版”“三分钟标准版”和“十分钟加长版”，目的是根据场合和环境的不同，灵活运用。

第三，反复训练到脱口而出。在理解的基础上诵读，在诵读的基础上熟读，在熟读的基础上成诵，在成诵的基础上脱口而出。做到脱口而出时，我们自然会拥有一种感觉，叫作毫无理由的自信，因为我们之前已经作了无懈可击的准备。

像《华尔街之狼》中的乔登一样演说

《华尔街之狼》的电影轰动一时，该电影大赚上亿美元票房，而担当主演的好莱坞巨星莱昂纳多·迪卡普里奥也凭此角色一举赢得金球奖。电影原型人物乔丹·贝尔福特就此一夜成名。主人公乔登（Jorden）在电影中的出色演讲，成就了他的事业，也让我们见证了演说的魅力和威力。

如果你希望提升自己演说的杀伤力，《华尔街之狼》这部电影值得好好观看，主人公乔登的演讲值得好好研究。反复看了几遍这部电影，我总结出了乔登演讲的四个特点：

1. 毫无理由的自信

一次演讲中，观众对内容的记忆除了开头和结尾，真正能记得的可能不超过 30%。但你所“演”出来的表情、手势、语调，观众对此会记忆尤深。在演说过程中，我们要做到肢体语言、表情、语调到位，从而造就骨子里散发出的自信，给对方一种信任感。

2. 无懈可击的逻辑

从所说的内容来看，乔登的演讲绝对不仅仅停留在表面，他所说的许多内容都是针对谈话对象，说服对方，以达到影响他人的目的。演讲中，人们听完以后，大部分印象都停留在开始和最后。所以，要尽可能地使演讲结尾富有感染力。仔细观察，乔登每次演说在结尾时都雄浑有力。

3. 不可抗拒的事实

乔登说的例子都和听众戚戚相关，缺钱导致被房东赶走，缺钱导致被女朋友看不起，缺钱导致……这些都是他的员工平时最容易面临的问题。现在乔登提出解决方法，自然能激发员工的最大潜能。例子的好坏对一次演讲的成功与否起到决定作用，因为理论性的东西大家听得太多，而例子可以很好地激发观众的求知欲。

4. 极具煽动性的语言

作为演说者，嘴巴就是自己的武器，语言就是子弹，所以要有意识地训练自己语言的煽动性和感染力。让我们来看看乔登富有煽动性的语言：

> 所以听好了，
>
> 你付不起账单了吗？拿起电话开始拨吧！
>
> 你房东要把你扫地出门了吗？拿起电话开始拨吧！
>
> 你女朋友觉得你是个没用的废物吗？拿起电话开始拨。
>
> 我要让你们用钱来解决所有问题！
>
> 你们今天所要做的，就是拿起电话，说那些我教你们的话，
>
> 我就能把你们变得比美国大多数 CEO 还富有！

第五章

演无定法，说无止境

第一节　真情就是好演说

从电影《功夫熊猫》说起

《功夫熊猫》中的熊猫阿波是一个孤儿，自幼被一只鸭子抚养长大。而阴差阳错之间，熊猫阿波被乌龟大师选为神龙大侠。可是，寺庙中的师父和盖世五侠却不认可它，阿波也毫无武艺，颇受排挤。乌龟大师再三点化师父，最终让师父明白熊猫阿波的意义，才得以传授武艺给熊猫阿波。另一方面，复仇者雪豹大龙却冲破地牢，打伤犀牛镇守，企图回和平谷对乌龟大师和居民复仇。

危机来临了，乌龟大师悄然仙逝。新的神龙大侠熊猫阿波去领取先人神龙大侠所传下来的一卷武功秘籍。阿波原本以为，这是突飞猛进的灵方妙药。可是打开一看，只是一本无字天书，没有半点点拨内容。

本来就不自信的熊猫阿波，听闻雪豹大龙越狱而出，内心十分紧张，结果与其他和平谷的百姓一样，准备逃亡。而师父看到阿波这个样子，也无心理会，只希望凭借自己和盖世五侠的力量，去阻挡雪豹大龙的破坏和复仇。

熊猫阿波在逃难时，熊猫义父面铺的鸭子先生跟他说："面条本无秘密，重要的是做出属于自己的味道。"熊猫阿波被其义父一句话醍醐灌顶，终于理解了乌龟大师传下来的无字天书的秘密。原来所有的神龙大侠都是遵循着自己的本色去活的，最强的也就是最本初的自己！所以，熊猫阿波返回和平谷，去帮助盖世五侠和师父，打败了复仇者雪豹大龙，换回了家园的和平。

真感情，就是好文章

从电影《功夫熊猫》中熊猫阿波的故事，我们可以看到，真正能够让一个人潜能激发的关键，不是学了多长时间，也不是学了多少招式，而是在于——活出自己，绽放生命本来具有的能量！

我想说，演说也是如此！在演说成长的道路上，对于技巧的学习是基础，也是必需的，不过技巧的学习和熟练需要一个过程，急是急不来的。当技巧还不能带给我们自信的时候，用心做好自己，在舞台上活出自己就显得尤为重要，用我经常鼓励学员上台分享的一句话就是："真感情，就是好演说。"

什么是真感情？就是发自内心的、真实的、不加修饰、不加演绎的情感。为什么"真感情"对于演说者而言这么重要呢？因为真感情是由心而发的。能够触动灵魂的演说，永远不是口才，而是真心与真感情。演说是信心的传递、情绪的转移、感觉的互动和行动的感召。演说者首先感动自己，才有可能感动听众。

很多人的演说之所以苍白无力，是因为演说者的灵魂缺乏力量。而灵魂的力量来自演说者内心满满的爱。没有什么可以轻易把人打动，只有内心真诚。只有发自肺腑的真情演说，才能动人心弦。有多少真情，就有多少感召力。真情的演说者，任何的评价、任何的专家都拿他没辙，因为他做到了无招胜有招，才能"无敌"。

用生命去演讲，用灵魂去呐喊

演说的至高境界，无疑是“用生命去演讲，用灵魂去呐喊”。能够做到这种境界的，一定是优秀的演说者，具有打动人心的强大力量。我的搭档——杨延光老师就是这样一名非常热爱演说的优秀演说者。以下内容，来自杨延光老师的分享，让我们用心体会他的故事。

2000 年 7 月，我从武汉大学企业管理和经济法专业毕业，通过校园应聘的方式，加入了一家当时是行业龙头的企业集团企业发展部做战略管理。记得当时集团从全国各地的重点大学招了近 200 名大学生。我们住在给大学生们准备的青年公寓里，开始了从大学生到职场人的转变。在大二的时候，我迷上了“疯狂英语”，养成了每天早起朗读英语的习惯。参加工作后，这个习惯依然保持。每天早上我六点钟准时起床，一个人来到楼顶的阳台上呐喊，练习英语和双截棍。当时，我就抱定一个信念：我将来一定要闯荡北上广。现在的努力，就是让自己更加具有就业竞争力。

3 年后，2003 年“非典”期间，我从集团辞职，来到上海找工作，开始了我的闯荡上海滩的人生。至今我都要感谢来上海后的第一份工作——在永和豆浆总部做总经理助理。这份工作，让我找到了自己的天分和优势。

永和豆浆作为台湾知名的加盟连锁品牌，每个月都有来自全国各地的加盟商到总部参加为期 1 个月的培训，其中在集团总部培训 1 个星期，然后到门店在岗培训 3 个星期。我作为总经理助理，顺理成章地担负起总部培训期间的主讲老师的工作，主讲“公司发展战略和企业文化”。在每次给加盟商团队讲课的过程中，我都是充满了激情和使命感，每次下课后都累得不想说话。在这个过程中，我也感受到了舞台的魅力和作为讲师的神圣感和自豪感。在工作的过程中，我也同时发现了自己的一个致命的短板——只会做管理的工作，不会销售！我冥冥中意识到，如果不把销售这个短板尽快补齐，我的人生就不够精彩。

2005年，通过朋友的介绍，我知道了上海当时最有名的一家培训公司——影响力教育集团。自己的讲师梦再次被点燃，我需要到更加专业的培训机构，让自己得到更专业的训练。我从零底薪的课程顾问开始，向企业推销“学习卡”，正式开始了我的培训行业的职业生涯。在影响力教育集团的工作经历，让我完成了从职业经理人到销售员和内训师的转变。让我在学习的过程中成长，在成长的过程中学习。我接触的人群发生了变化，我学习的内容发生了变化，我每天工作的内容充满了挑战和不确定性，在这样的环境中，我的人生开始驶入快车道。

在培训行业的14年时间里，我接受的大大小小的各种学习和培训课程上百次，自己投资在学习上的费用也近百万。加上自己的努力和坚持，在2016年，我完成了人生的第三次蜕变，从一名内训讲师成长为中国民营企业商业军校建设的专家，开始了独立自主的创业之路，并创建了自己的教育品牌——爱智光教育。

在我的讲师成长道路上，有很多优秀的、全国知名的老师都给过我专业的辅导和指点。让我记忆最为深刻的一句话就是“用生命去演讲，用灵魂去呐喊”。我把这句话作了加工，作为我每天激励自己的一句座右铭，这句话就是“以舞台为战场，用生命的力量去演讲，用灵魂的力量去呐喊”。

“用生命去演讲，用灵魂去呐喊。”现在，我们把这句话送给正在阅读这本书的你，正所谓“真传一句话，假传万卷书”，我们坚信，如果你能够拿出生命的力量去全力以赴做一件事，没有做不成的。

第二节 天赋演说使命

古希腊伟大的思想家、哲学家柏拉图提出了“人生三大问”的哲学命题——“我是谁？我从哪里来？我要到哪里去？”

很多人一生都在问自己这三个问题，然后投入到漫长的人生和寻求答案的过程中去。也有很多人从来不会思考这些问题，用一辈子的时间活了一天，但是一直到临死的那一刻，都没有体验过精彩的一天。

找到你的天赋使命

人生如果有轮回，天赋使命就是我们在轮回的过程中所接受的一个任务。这个任务要么是我们自己给自己设计的，要么是上天交给我们的，并且需要用一生的时间来完成。

“天生我材必有用，千金散尽还复来。”每个人都有自己独特的价值和才能，生命的意义就在于，在生活的实践中，不断摸索和寻找到自己的天才，找到自己的价值所在。

在学习方面，我提出的一个理论叫“十倍速成长”（如图 5–1 所示）。十倍速成长的前提是先找到自己的“天才”，什么时候找到了自己的“天才”，什么时候才算找到了人生正确的努力方向。然后在“天才”上对标，找到这个领域里最厉害的标杆，向标杆学习，把自己做成标杆，把天才做到“极致”。

只有把天才做到了极致，我们的天才才有杀伤力，才有竞争力，才有生产力。在此基础上，不断地自我超越，实现自己的人生价值，完成天赋“使命”。

我本人就是“十倍速成长”理论的践行者和受益者。孔子云：“三十而立，四十不惑。”感谢命运的安排和生活的实践，让我在四十岁的时候，找到了自己的天赋使命，如果用四个字表达，那就是“教育报国”。

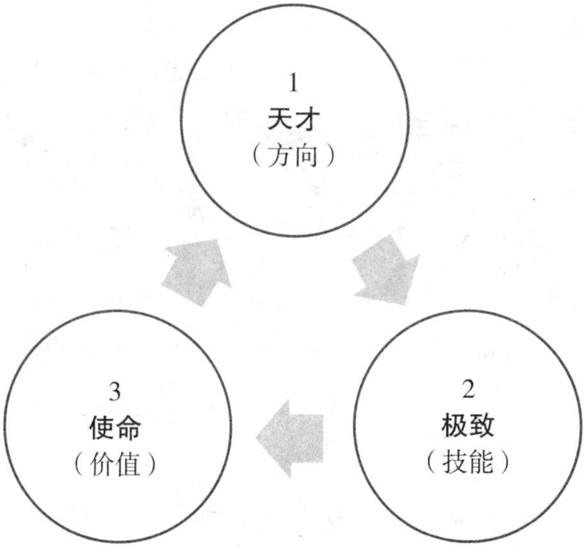

图 5–1　十倍速成长模型图

活出天赋使命的七个特征

美国奇人、沉睡的先知埃德加·凯西说过："每个灵魂都有其等待完成的人生使命。所有的生命都是有意义的。一切存有，包括一切经历、互动、困难与挑战，都有潜在的意义。每个人的生命也是有意义、有目的的。这个目的与他人密切相关。不管生活的重担和挑战如何让我们质疑自己的价值和效果，只要我们还活在世上，我们都有使命需要去完成！"

按照埃德加·凯西的理论，一个人发现了自己的天赋使命，并在生活中活出来后，就会表现出七个明显的特征，而且会越来越频繁地显现。将这七个特征和发生在你自己生活中的情况相对照，可以启发你去发现自己的天赋使命。

1. 惊奇的感觉——感到生命的神奇

当你开始生活在你使命的正确途中，你可能会发现一些你从没意识到存在的窗户打开了，可以更频繁地捕捉到神奇生命中那些令人意外、隐秘的一闪。

在我的演说家成长道路上，我一直相信我就是一位讲师，就是一位演说家，这种相信让我对舞台充满了热爱和向往。正如一个好的拳击手看到擂台时应该是兴奋的，一个好的演说者看到舞台的第一反应是冲上舞台，拿起麦克风，用演说征服听众。我从一名职业经理人转型成为一名内训师，再从一名内训师转型成为一名演说家的过程，就是不断地寻找自己的天赋使命的过程。

2. 看到其他的生命因你的帮助而获益

每个人的使命都包含对他人有创造性贡献的方面。我们在此是来互相帮助的。当你看到其他人因为你的所说所做而得到帮助和祝福时，你可以把这种情况看成你和你的天赋使命更接近了。

每次在演讲的过程中，看到现场的学员们渴望的眼神、专注的表情、投入的状态，以及学习后的成长和蜕变，我都有一种发自内心的、由衷的感动。佛家讲布施有三种——财布施、法布施和无畏布施。作为演说家，我们做的就是法布施和无畏布施，带着这份对生命的尊重，一路前行，无怨无悔。

3. 感觉到“神的临在”

我把这种“神的临在”的感觉称为“来自宇宙的声音”。我有一个每天写总结的好习惯。这个好习惯能够让我在不断深入思考的同时，也锻炼了我精准的文字表达能力。每天早上起床后，我都会盘腿静坐半小时，既是静心，又是静思，然后才开始用手机写当日总结。这样坚持了有近 10 年的时间。每次当我翻阅自己曾经写过的总结的时候，我都会惊诧于自己怎么能写出这样奇妙的文字。我想这应该得益于我每天静坐的时候，接受到了“来自宇宙的声音”，通过我的大脑和意识，用文字的形式记录和表达出来而已。

4. 认识到你周围一切的目的性

所有在你生命中发生的事都是有目的的，而发生在你周围人的生命里的事情也有其目的。你越与你自己的使命相一致，就越会感受到周围一切生命都有其目的性。

对于一次没有目的地的航行而言，任何方向的风都是逆风。对于一个没有人生目标或天赋使命的人而言，任何资源都没有办法有效利用并创造价值。当我有了“教育报国”的人生使命后，我发现越来越多优质的人脉资源和机会都不断地被吸引到我身边，家庭和事业也相得益彰，整个人的生活圈子和品质都达到了另一个高度。

5. 喜悦

喜悦比任何其他情绪都更好地表明你顺利地走在正确的命运轨迹中。你会越来越频繁地感受到生命的喜悦。你在表达你真正的天赋使命中所得到的喜悦，远比你从追逐名利中所得来的要大得多。

我始终相信，外界的物质上的刺激，只能带来短期的快乐；精神上的满足，才能带来内心持久的幸福感。演说带给我的就是这种内在的幸福感和满足感。它让我看到了因为自己的演说而改变无数生命的价值，也让我看到了在帮助学员们成长的同时，自己需要更快速的进步。“赠人玫瑰，手有余香”，没有比达己先达人更让我开心的事情了。

6. 你会感觉到你充满能量

当你寻找到使命时，你开始获得超越你自身资源的超级能量。通常你会感觉好像有了更多额外的创造力，具有了更强的毅力和持久力。

作为一名教育工作者和演说家，我很享受自己在备课过程中的专注和投入。有时为了能够找到一张合适的图片，我愿意花上 1 个小时的时间。有时连续三天三夜的内训课程，我和学员们一样，每天只睡 3 个小时，3 天总共睡眠不足 10 个小时，但依然精神饱满，精力旺盛。我想如果没有足够的专注和热爱，是很难做到长年如一日的坚持的。我经常对自己说的一句话就是：“我的人生只有两种状态：要么战斗，要么准备战斗。”

7. 体验一系列自然而然同步发生的事件

生命中有些事件似乎是自然而然发生的，并没有需要你做特别的努力去计划或创造。也许这一切和运气无关，也许这些看似是幸运、巧合的事件暗示着更深层的目的。它们是让你继续生活在自己灵魂目标轨迹上的一种鼓励和支持。

我只负责精彩，老天自有安排。一切的发生都是当下最好的安排。行动教育李践老师的一句话让我记忆犹新：“若信，请深深地信；若爱，请深深地爱。当我决定用一辈子的时间只做教育的时候，就是在我面前放一座金山，我都不会看一眼。”

现在，当我自己开始了创业之路后，我更能深刻地体会和理解老师的心境和情怀。现在回头看看自己创业这 3 年所发生的一幕一幕，我惊奇地发现，一切都好像是注定的，设计好的。我把它理解成为佛家讲的因果不虚。其实，更是自己内心的选择。这种活出自己的感觉真好。

做自己想做的人，为梦想而奋斗终身！

附　　录

附一　十大常用场景演说模板

一、如何作自我介绍

目的：通过自我介绍，快速建立信赖感，提升个人的品牌形象和影响力。

形式：公众演说。

时间：1—3分钟。

结构：

1. 开门见山式

特点：简洁、高效、礼节性；

应用场景：工作场合、社交场合；

内容：姓名、职业、工作单位、籍贯、兴趣爱好等。

2. 突出优势式

特点：专业、价值感；

应用场景：正式场合、公众演讲；

内容：突出成就、行业经验、专业领域、荣誉认证。

3. 风趣幽默式

特点：风趣、自嘲、幽默感；

应用场景：朋友聚会、非正式场合；

内容：关联名人、自嘲、公众熟知的幽默段子。

示范案例：

1. 开门见山式

大家好，我叫汤筱君，来自北京前沿移动教育科技有限公司，担任总裁职务。前沿教育专注为企业提供线上线下企业大学建设咨询服务。总部在北京，在全国有60多家分支机构，期待与大家多多交流。

大家好，我叫杨延光，是一名职业内训师，主要为中国民营企业团队职业化提供内训课程。我是河南周口人，目前定居上海，业余喜欢打太极拳。

2. 突出优势式

大家好，我叫汤筱君。作为一名内训师教练和公众演说老师，我拥有20多年的舞台主持和演讲经验，作过几百场演讲，辅导过上千位职场精英的演说训练，其中包括上中央电视台发表主题演讲的企业家。有近10万人收听过我的线上课程。截至目前，我已与人合著了《从1到100的人才复制》和《行动式演说》两本书。

大家好，我叫杨延光。我是一个真诚、热情、乐于付出的人。我2000年毕业于武汉大学企业管理专业，曾在中国总裁实效教育第一品牌上市公司行动教育集团任全国培训总经理和行动商学院执行院长。目前，我专业从事企业团队军魂打造和企业军校建设。美国心理学大师博恩崔西说过：“任何人持续专注在某一特定的领域，五年成为专家，十年成为权威，十五年成为世界第一。”我从2005年进入教育培训行业，至今已经有14年。我可以自信地说，我是团队打造和企业军校建设领域的权威。目前已经与跆拳道行业、保健品行业、美容化妆品行业、直销行业和旅游康养行业等各标杆企业合作，帮助企业打造属于自己的“黄埔军校”。专业成就方面，我与我的老师合著了一本有关演讲的专业图书《行动式演说》，并申请了10项自主知识产权。

3. 幽默风趣式

大家好，我叫杨延光，在杨家将的七郎八虎中，我和杨三郎杨延广是同音。很多人说我长得像王石，我也是这么认为的。不过王石比我头发多，胡子也比我长。当然，我也是有自知之明的，不论是在事业成就上，还是在社会知名度上，我都无法和王石相比，因而只能甘拜下风。说我像王石，只是方便大家记住我。

大家经常说有女儿是招商银行，有儿子是建设银行，我是建设银行的行长王鹏飞。

注意事项：

（1）注意时间

要抓住时机，在适当的场合进行自我介绍。最好是在对方有空闲，而且情绪较好又有兴趣时，这样就不会打扰对方。自我介绍时要简洁，尽可能节省时间，以半分钟左右为佳。为了节省时间，作自我介绍时，还可利用名片、介绍信等加以辅助。

（2）讲究态度

作自我介绍时，态度一定要自然、友善、亲切、随和。既不能唯唯诺诺，又不能虚张声势，轻浮夸张，而应落落大方，彬彬有礼。语气要自然，语速要正常，语音要清晰。

（3）真实诚恳

作自我介绍时，要实事求是，真实可信，不可自吹自擂，夸大其辞。

二、如何作项目推介

目的：在项目说明、竞标或招商中，以会议平台为依托，通过项目推介，向客户进行统一、集中、标准的营销。

形式：PPT+ 演讲。

时间：15 — 30 分钟。

结构：

1. 为什么（找痛 + 挖痛）

2. 是什么（定义 + 价值）

3. 如何做（策略 + 方案）

示范案例：

“企业大学建设”项目推介

1. 为什么（找痛 + 挖痛）

找痛：现在企业普遍面临的四大人才现状：招不到、干不好、留不住、育不出。

挖痛：长此下去，老板身兼数职到处救火；团队人才青黄不接；企业发展受阻。所以，建立企业大学刻不容缓。

2. 是什么（定义 + 价值）

定义：企业大学，是以企业战略和人才开发为核心，运用现代科技手段，按照混合式培训模式建立的企业内部学习平台。

价值：企业大学建设专家马克·艾伦说过，一所出色的企业大学，将成为区别一般组织与伟大组织的重要标志。

3. 如何做（策略 + 方案）

策略：要从根本上解决企业的人才问题，就要把企业建设成为一所没有围墙的大学，实现人才的自我造血功能。

方案：企业大学是一把手工程，董事长就是校长，主管就是老师，岗位就是课堂，问题就是课题，工作就是学习。

注意事项：

（1）从现象和问题入手，直击客户的痛点，快速引发共鸣，引起兴趣和关注。

（2）对项目的研究要做到专精深，要能够准确地把握事物的本质和规律。

（3）给出的解决方案要切实可落地，多用实际的成果和数据来增加说服力。

三、如何作工作汇报

目的：通过工作汇报，达成有效沟通、增进了解、及时反馈等目的。

形式：晨会工作汇报、项目进展工作汇报、个人情况汇报。

时间：3 — 15 分钟。

结构：

1. 晨会工作汇报

昨天完成了什么工作？

今天计划要做什么？

过程中遇到了什么困难和问题？

2. 项目进展汇报

总体介绍：即介绍总体概况。

要点展开：即展开总体中的每个要点。

感恩答谢：讲清楚进展过程中要感谢的人和事。

自我总结：即讲述工作中自己的收获和成长。

未来计划：即接下来的计划，以及可能遇到的困难和需要领导提供的帮助。

3. 个人情况汇报

总体说明；案例描述；未来计划；总结展望。

示范案例：

某家电销售代表小王的晨会工作汇报

1. 昨天一共做了两件事

跑了镇上八家客户，最终收集了八家店的数据，已确定一家有合作意向；

巡视了解了一家已签约店面的销售库存和货品陈列情况，指导两名店员的货品摆放和销售技巧。

2. 今天计划做两件事

再跑另一个镇的四家客户，除收集数据外，争取确定一家合作；

计划就近参与本周销售代表会议，以便了解大家的销售进度和市场信息。

3. 待解决的困难

有一家有意向，但还谈不下来，希望领导帮忙想点办法；

已解决的困难是，用合适的条件谈下了那家客户，是通过充分研究其经营状况后，多次沟通解决的。

“推箱子游戏”项目进展汇报

1. 总体介绍

计划如期推进，已进展到阶段 3，攻破了推箱子第 30 关。

2. 要点展开

阶段 3 从开始到今天，共计划 3 个任务和 1 个目标；
已完成 2 个任务，并实现 1 个目标；
这 1 个目标是最多 10 次尝试过 1 关；
通过游戏机操作尝试和请教高手实现目标；
经验分享就是找高手帮忙，效率极高；
可改进的地方是自己首先多尝试，然后再去请高手，不然太弱了。

3. 感恩答谢

这当然是要感谢高手，还有就是那些关卡设置得还挺吸引人的。

4. 自我总结

过关能力有所进步；另外，玩游戏使脑子更灵活了。

5. 未来计划

下一步想 3 天突破 50 关。

可能会卡死在某关，这就需要高手及前辈来救我小命。

某人事实习生的个人汇报

1. 总体说明

收获很多：招聘、培训、绩效等领域的知识都能学习到；

成长很快：两周内完成一个岗位的招聘，提高了跨部门沟通能力，掌握了招聘技巧、培训流程、绩效管理的知识等；

非常喜欢公司和团队：喜欢快乐和激情的氛围、团队合作的气氛、资源共享的习惯、高效的团队沟通环境、充分授权的文化。

2. 案例描述

在招聘的项目中，通过筛选 300 份简历，学会了快速筛选简历的技巧；

在与用人方沟通中，了解到需要招聘最合适的人才而不是最优秀的人才；

感谢团队前辈和同事某某在过程中的尽心帮忙。

3. 未来计划

希望在招聘过程中提升自己的效率，并提高推荐接收率；

希望在2个月后表现优秀，成功转正。

4. 总结展望

感谢领导和同事的帮助和认可，未来希望成为团队主力及领导的得力助手。

注意事项：

（1）汇报的目的

是想让领导批准预算，还是多加一个人手？以结果为导向去思考，做到有的放矢。

（2）汇报的重点

哪些应该多讲，哪些应该少讲？汇报时先下结论，结论优先，节约领导的时间。

（3）汇报的内容

有哪些事实和数据，有哪些辅助材料可以帮助领导去理解？

（4）汇报的建议和方案

你的下一步行动计划是什么？永远让领导做选择题，而不是判断题。

（5）汇报完毕后想得到的结果

你希望领导具体能帮你解决什么？

四、如何作培训演说

目的：根据听众的需求，明确培训演说的主题。

形式：公众演说。

时间：视培训的主题和内容而定，数小时不等。

结构：

1. 开场白

明确培训成果，强调教与学双方共同的义务。

2. 引题

与主题相关的有“惊喜感”的故事。

3. 论证

摆事实，举例子。

4. 结尾

总结。

示范案例：

教育的意义

1. 开场白——自我介绍 + 成果明确

大家好，我叫董仲蠡，是一名英语培训师。我培训过的学员，少说应该也有 15 万。我曾经教过考研成绩全市第一的学生。每年听我的课而通过四六级考试的人数，那是不计其数。同学们都很信任我、爱戴我，叫我“小董老师”。我自己也特别喜欢这个称谓。

今天我们一起来探讨一个话题：教育的真谛。

2. 引题——与主题相关的故事

然而，作为一名老师，我有的时候总有一些困惑。我讲的大多都是考试类的课程，大学英语四六级、考研英语等。

有一次，我在讲四级翻译的时候，讲到林语堂先生如何翻译贾岛的“松下问童子，言师采药去”，讲到许渊冲先生如何翻译李清照的“寻寻觅觅，冷冷清清，凄凄惨惨戚戚”，讲到王佐良先生把塞缪尔·厄尔曼的《青春》翻译成“年岁有加，并非垂老；理想丢弃，方堕暮年”，我不禁手舞足蹈，作为老师的那种自豪感已经爆棚。

（故事情节：拐点）

然而，就在这个时候，台下有一个女生，直接质问我：“你讲这个东西有什么用啊？能提分吗？你就是在浪费我们的时间！”

（切入正题：落脚点）

我，自认也算伶牙俐齿，但是在那一刻，我竟无言以对。是啊，她说得对。没用，不能提分！但是，亲爱的同学，我并没有在浪费你的时间，因为刚刚那一刻，我不是在教你怎么考试，我是在做教育！

3. 论证——摆事实，举例子

（反论——反对什么）

作为一名老师，一名教育工作者，我希望我在课堂上所传授的不仅仅是实用的知识。因为如果单纯只是拼知识、拼记忆，我们已经输了。

举例：

（1）深蓝

1997年，由美国IBM公司所开发出来的电脑“深蓝”，挑战世界排名第一的国际象棋大师卡斯帕罗夫。号称为人类尊严而战的卡斯帕罗夫，以一胜二负三平的战绩败给“深蓝”。当时就有人说，“这国际象棋太简单，看我们的围棋博大精深、变化无穷，你让计算机玩个围棋试试？”

（2）阿尔法狗

20年后的今天，就在2017年的上半年，由谷歌所开发出来的人工智能程序，传说中的阿尔法狗，以4：1的战绩完胜世界围棋冠军李世石九段。这场人机大战，再次以机胜人败的结局告终。

（3）家长言论

人工智能，聪明过人；网络信息，知识过人；电脑反应，敏捷过人。有的家长会有这样的言论：你看，现在这个语文、历史，网上信息都有，都能查得到，根本就不用背。数学、物理，有人工智能，根本也不用算。翻译软件越来越高级，外语也根本不用学。教育，还有什么用？是啊，教育它到底还有什么用？

（4）再次强化：惊喜感

网上前段时间流行过一个段子：我们之所以要多读书，多受教育，就是因为当我们看到湖面上有一群鸟飞过的时候，我们能吟诵出“落霞与孤鹜齐飞，秋水共长天一色”，而不是在那吵吵，“我去，全都是鸟！”当我们去戈壁旅游，骑着骏马奔腾之时，心中默念着“大漠孤烟直，长河落日圆”，而不是在那喊，“啊呀妈呀，都是沙子，快回去吧！”

4. 总结

当然，这是一种调侃。但是，不自觉间，就道出了教育的核心含义：教育，不仅仅是传授给人以知识，更是提高个人的修为，增强我们对生命的感受力，从而更好地认知自己，并且不断地提升自己。我认为，这是教育的真谛，也是指引我们前行的希望的明灯。

注意事项：

（1）精彩的演讲都是从精彩的开头开始

好的演讲都会通过幽默或小故事导入主题。人们可以从你前十秒钟所说的话，判断出你的水准、你的语言魅力，进而判断你的演讲值不值得听。

（2）好的演讲都有自己的逻辑框架

一个优秀的演讲者会对自己的演讲稿进行精心准备。演讲稿不是拿来背的，而是用来梳理演讲的逻辑框架。逻辑框架就是演讲的顺序。演讲所传达的信息只有放在一个严谨的逻辑结构中，内容才有感染力。

（3）善于运用故事

听众喜欢听故事，而不喜欢听道理。人们容易记住的也是故事，而不是你讲的那些华丽的词语。你讲出的观点，人们希望你找到证据，你用举例的方式来佐证，会更有说服力。

（4）提炼自己的金句

不管你是作一分钟无懈可击的自我介绍，还是十分钟的命题演讲，甚至是几个小时的公众演讲，想要让对方对你印象深刻，就要提炼出跟主题相关的金句，那是要让人们记住的最核心的思想。每一个主题演讲都要有一些金句来提升主题的高度。

（5）善用语气和肢体语言

演讲不能过于平淡，要有轻重缓急，并配合适当的手势。我们的眼神要与听众交流，不能只盯在某个人或一片人身上，而要自然缓慢地移动，关照到所有的听众。语音、语速、语调和肢体动作的协调需要不断的练习才能运用自如。

（6）结尾要有高潮

编筐编篓，全在收口。演讲的结尾非常重要，好的结尾就是让对方有所思考，有余音绕梁的感觉，回味无穷。一个小故事或送给听众一句有意义的话等，都可以达到这样的效果。

五、如何作激励动员

目的：通过激励动员，鼓舞士气，激发潜能，达成目标。

形式：公众演说。

时间：时间要短，控制在 3 — 10 分钟。

结构：

1. 提出痛点

2. 解决痛点

3. 视觉呈现

4. 号召行动

示范案例：

李云龙出任独立团团长时的激励动员

1. 提出痛点

老总说咱们是发面团，咱没啥可说的。咱确实打了败仗。挨骂是活该。

2. 解决痛点

弟兄们，知道我李云龙喜欢什么吗？我喜欢狼。

狼这种畜生又凶又猾。尤其是群狼，老虎见了都要怕三分。

从今往后，我李云龙要让鬼子知道，碰到我们独立团，就是碰到了一群野狼，一群嗷嗷叫的野狼。

3. 视觉呈现

在咱狼的眼里，任何叫阵的对手，都是我们嘴里的一块肉。

我们是野狼团，吃鬼子的肉，还要嚼碎他的骨头。

4. 号召行动

狼走千里吃肉，狗走千里吃屎。

咱野狼团什么时候改善生活？就是碰上鬼子的时候。

注意事项：

（1）在表达的内容上要做到明确

明确我们所具有的优势，给人以信心；明确达成目标的重大价值，给人以成就感；明确角色的定位和使命，激发员工的责任感；明确学习的标杆和榜样，给员工真实感。

（2）在语言的表达上要有力

简短化：多用动宾结构，多用短句。从演讲者的角度讲，句子越长，话语的气力就越小。

修辞化：多用比喻，生动形象，揭露深刻；多用排比，气势恢宏，震撼人心；多用递进，语义跌宕，层层深入；多用对比，彰显差异，形成反差。

互动化：演讲中适时地与听众交流，引导大家统一思想。用“大家有没有信心”“能不能完成任务”等来引导，通过大声地回答“有！”“能！”再次将激情推向高潮，并达成思想统一。

六、如何作项目提案

目的：提供系统、专业的方案，表现主动、积极的姿态，加深客户印象，提高销售效率，促使客户接受。

形式：书面文案＋演讲说明。

时间：演讲的时间控制在15—30分钟。

结构：

1. 项目背景

2. 项目方案

3. 项目执行

4. 风险承诺

示范案例：

销售人才培训计划项目提案

1. 项目背景

通过与总部高管的分批访谈与深度沟通，发现企业营销团队面临以下挑战：

（1）业务方面

主管个人能力强，小部分人完成公司大部分创收；

销售手法传统，职业化素养和管理方面有待提升；

专业知识与销售技巧滞后，主观能动性差。

（2）管理方面

个人包干式销售，团队协作差；

重销售产值指标，忽视销售成本控制、利润及效率；

缺少培育信任的意识和方法，团队管理和复制能力不强。

2. 项目方案

基于沟通达成的共识，我们已拟定出一个“销售人才培训计划”，以解决企业人才瓶颈为突破点，实施有针对性的专项培训，助推公司达成战略目标。

（1）基层员工

培训目标：应知应会，专业制胜，提升能动性。

培训课题：

销售素质——销售特种兵。

销售技能——成交八步。

销售谈判——优势谈判。

（2）基层干部

培训目标：学会管理，打造团队。

中流砥柱：职业经理人六项全能。

高品质沟通：建立和谐可持续的生命关系。

（3）中层干部

培训目标：提升领导水平。

教练型领导力：成为一名优秀的教练型领导。

将帅兵法：商业运筹帷幄和谋略。

中国演说家：口才就是领导力。

3. 项目执行

培训结束后，将提交培训评估表单，并对培训需求作出分析。

学员填写月度目标和改进计划表，公司安排专人跟踪辅导。

每次开课前，安排半天的回顾、总结，强化培训成果的落实。

4. 风险承诺

分阶段验收成果，签订成果验收表，任一阶段不满意，要么免费返工，要么中止合作协议。

注意事项：

（1）建立在访谈基础之上

提案的撰写一定是建立在前期与客户有效访谈的基础上的，对客户需求有深度了解，对产品方案有精准定位，见诸文字，提案才能言之有物，掷地有声。

（2）提案一定要顾及利益相关者

提案是写给客户看的，但客户内部人员因职能、立场及诉求的不同而有不同的决策准则，所以一定要顾及利益相关者。对于不同的客户内部人员，提案呈现的角度有所不同。

（3）形式灵活，实事求是

不是每个提案都需要非常厚重，写多少、写什么取决于客户的要求与项目的性质。项目越大，竞争越激烈，产品越复杂，或客户采购决策越规范，对提案的要求就越高。

七、如何作竞聘演说

目的：通过竞聘演讲，向听众和评委“营销”自己，达到竞聘成功。

特点：

竞争性：凸显人无我有、人有我优、人优我特的竞争优势。

目的性：要吸引人，具有口头宣传的作用。

自评性：要全面而公正地评价自己。

时间：15 — 30 分钟。

结构：

1. 竞聘岗位

开门见山讲自己所竞聘的职务和竞聘的缘由。

2. 自我介绍

简洁介绍自己的情况：年龄、政治面貌、学历、现任职务等。

3. 竞聘优势

摆出自己优于他人的竞聘条件，如政治素质、业务水平、工作能力、过往成就等。

4. 施政措施

提出自己任职后预备实行的措施。

5. 决心请求

用最简洁的话语表明自己的决心和请求。

示范案例：

竞聘副处长演说词

尊敬的各位领导、同事们：

大家好！

不经历风雨，怎么见彩虹。我想，对于自己来说，“风雨”就是经受各种各样的考验与锻炼，包括这次竞聘。今天，我要竞聘的是副处长的岗位。很荣幸站在充满挑战的演讲台上，我的心情无比激动，感慨万千。

首先，真诚地感谢领导和同志们多年来对我一如既往的培养、信任与帮助，参加竞岗活动，既是一次机遇，一次挑战，也是一次向领导和同志们的工作汇报和心愿表达的机会。

我叫 ×××，现年 ×× 岁，本科文化，中共党员。19×× 年 3 月入伍，经过多年的历练，我从一个新战士，逐步成长为一个有担当、有责任感的业务骨干，历任班长、司务长、会计师、办事处主任、副团等职。20×× 年 11 月我转业到县 ××× 工作，20×× 年 × 月任 ××× 副调研员，主要负责部财务综合性工作，兼任 ××× 会计。荣立个人三等功两次，多次被评为优秀共产党员。

无论身处何种岗位，我都尽职尽责做好本职工作，干一行，爱一行，专一行，精一行。我觉得自己完全有条件，也有能力担任副处长一职。通过综合分析，我觉得自己具备以下几个优势：

（1）追求卓越，具有勇挑重担的信心

自助者人能助之。今天，我能鼓足勇气参加这次竞争，决不是意气用事，也不是心存侥幸，而是珍惜这次积极上进的机会，渴望事业有所建树，追求进步的真实体现。在队伍这个大熔炉长期的磨练下，我具备了军人坚韧刚毅、刻苦耐劳、作风正派、雷厉风行的优良品质。坚持高标准、严要求开展各项工作，坚持原则，务实肯干，敢于争先，善于思考，勇挑重担，义不容辞地为单位建设奉献自己的光和热。

（2）学习刻苦，具有较好的道德修养

古语说："德若水之源，才若水之波。"在个人学识上，我注重学习，能够长期坚持政治业务学习，学习科学发展观，钻研岗位业务，以丰富的知识储备来充实与武装自己。在道德品行上，我坚持"以人为本，以德为先"，牢固树立起诚恳为干部、职工服务的理念，讲政治、讲正气、讲效率，胸怀宽广，有吃苦耐劳、善于钻研的敬业精神和求真务实的工作作风。

（3）一专多能，具有较强的工作能力

随着这些年的工作历练与学习积累，我的工作经验日渐丰富，理论知识日益扎实。我在队伍也曾当过财务主管和基层军政主管。回到地方后，又在 ×××、××× 这样的综合处室工作，不仅熟悉财务方面的工作，也比较熟悉单位的各项事务，对本部门的工作也比较了解。可以说，自己的工作经验和管理经验比较丰富，沟通协调能力较强，有较好的写作水平，在入伍期间，撰写的论文常常在 ××× 杂志上发表，并多次获奖。转业到地方后所起草的请示报告、情况汇报、典型发言、管理制度、实施方案等，屡获好评，这些都比较有利于今后工作的开展。

（4）善于协调，具有较强的大局意识

“皮之不存，毛将焉附”，在工作中我十分尊重领导，团结同事，坚持做到识大体顾大局，有高度的集体荣誉感，能够坚持原则而又不失灵活，处理问题思路清晰，头绪分明。去年，以建立正常运行经费保障机制为契机，在部领导和大家的支持下，我们多次与省财政厅进行协调沟通，跟踪促进，最大限度争取了财政公用经费；各处室共同努力，增加了业务办公经费预算，较好地缓解了供需矛盾，为我部更好地开展工作提供了有力的经费支撑。

（5）谨言慎行，具有较好的自律意识

“桃李不言，下自成蹊”。多年来，我大都从事后勤服务和后勤管理工作，我始终把耐得平淡、默默无闻作为自己的准则，始终把增强公仆意识、服务意识作为一切工作的基础；在廉政上，努力做到“自重、自省、自警、自励”。管好自己的人，看好自己的门，廉洁奉公，忠于职守，做好表率。

成绩属于过去，进取铸就未来。我想，副处长不只是一个有吸引力的职位，更是一份沉甸甸的责任。如果领导和同志们信任我，委以重任，我将从以下几个方面努力工作。

（1）摆正位置，当好领导副手

作为副处长，我一定会摆正位置，当好连接上级领导和员工的纽带。准确掌握部门及单位各方面的工作动态，做到行权不越权，服从不盲从，到位不越位，补台不拆台，做到上为领导分忧，下为群众服务。在工作中既要发扬以往好的作风、好的传统，勤勤恳恳工作，兢兢业业工作，又要注重在工作实践中探索新的路子，多请示勤汇报，多交心通气，当好沟通员工和领导之间关系的桥梁。并且，努力在各个方面为领导分忧解愁，当好参谋与助手。

（2）勤奋学习，提升综合素质

新的形势，对我们领导干部既是新的挑战，又是新的发展机遇。我深知我部工作业务性强、任务繁重、责任重大。我将努力按照政治强、业务精、善管理的复合型、高素质要求自己，加强政治理论与业务知识学习，“热爱 ××”“服务 ××”，做到爱岗敬业、尽职尽责，努力争当一名合格的副处长。不仅要加强政治理论的学习，更要加强国际业务专业知识和综合知识的学习，加强综合能力的提升，包括跨部门沟通、协调与合作的能力，不断充实完善自我，使自己能够更加胜任本职工作。

（3）夯实基础，抓好工作制度建设

没有规矩，不成方圆。工作制度建设是处里一项基础性工作，必须抓好抓实。要自觉协助处长建立健全一系列工作制度，明确工作责任，实现各司其职。合理安排工作程序，特别是要引入竞争激励机制，实行多劳多得，奖罚分明。并且，要有包容心，充分认识每一个同志的长处和优点，充分调动大家的积极性和创造性。抓好制度建设的同时，协助抓好单位卫生管理、考勤管理、学习会议组织等基础管理。

（4）严于律己，树立廉政形象

坚持一切从实践中来，经常深入实际调查研究，发现问题和解决问题。以吃苦耐劳、求实创新的精神，找准工作切入点，创造性开展工作。树立团队精神，提高团队凝聚力。强化服务意识，提升服务水平。同时，要廉洁奉公，管好自己的嘴，不乱说；管好自己的手，不该拿的东西不拿；管好自己的腿，不该去的地方不去。并且，要教育自己的家属和子女，也要遵守廉政建设的有关规定，绝不犯生活上和经济上的错误。

各位领导、各位同事，古希腊哲人说："给我一个支点，我可以撬起整个地球"，这是对生活的自信；而我现在要说"给我一次机会，我会干出我的精彩"，这是我对生活的热爱和对事业的追求。无论这次竞聘结果如何，在今后的征途上，我都会一如既往地做好本职工作。希望各位领导和同事给我一次实践的机会，我会尽最大的努力给大家一个惊喜！谢谢大家！

注意事项：

（1）充分的准备：明确演讲的目的、了解听众、列提纲、多次演练。

（2）开个好头：好的开头是成功的一半。

（3）控制语速：讲话每分钟不超过 120 字。

（4）避免口头禅：语言表达要精准。

（5）临场应变：充分地准备，灵活地应变。

八、如何作商业路演

目的：

（1）实现创业项目与投资人的零距离对话、平等交流、专业切磋。

（2）促进创业项目与投资人的充分沟通和加深了解。

（3）推动融资进程。

形式：PPT+ 演说。

时间：10分钟。

结构：

1. 公司与团队——我们是谁

2. 项目介绍——我们做什么

3. 产品与运营——我们怎么做

4. 发展前景——长期战略目标

5. 财务与融资——商务合作方式

示范案例：

商业路演模板（提纲）

1. 公司与团队——我们是谁

（1）公司简介

（2）团队介绍

（3）核心成员

（4）组织架构

（5）发展历程

2. 项目介绍——我们做什么

（1）行业前景

（2）需求分析

（3）竞争对手

（4）优势分析

3. 产品与运营——我们怎么做

（1）产品概述

（2）产品优势

（3）推广模式

4. 发展前景——长期战略目标

（1）战略目标：定性目标 + 定量目标。

（2）产品计划：尖刀产品 + 主营产品 + 利润产品 + 获得相关行业认证。

（3）市场计划：高端市场 + 细分市场 + 本地市场 + 周边市场 + 二线市场。

（4）五年目标：完成销售目标保底目标 + 挑战目标 + 超越目标。

5. 财务与融资——商务合作方式

（1）成本预算：研发成本 + 推广成本。

（2）资金缺口：推广费用 + 研发费用 + 人才引进。

（3）资金用途：产品研发 + 市场推广 + 人才战略 + 改进生产。

注意事项：

（1）熟悉舞台、遥控器和 PPT 内容。

（2）注意衣着打扮的职业化。

（3）语速不能过快，不要有蔑视竞争对手的言语。

（4）演讲时不要过于激情洋溢，需要的是情商和智商。

（5）把握好时间，不要讲太多专业用语，要做到通俗易懂。

（6）要讲一个真实好听的故事。

（7）不同的投资者有不同的关注点，要清楚路演的目的和对象。

九、如何作招聘演说

目的：通过招聘演说，让应聘者更好地了解公司及岗位，提高招聘效率和效果。

形式：PPT+ 演说。

时间：30 分钟。

结构：

1. 关于我们

2. 岗位计划

3. 发展平台及薪酬

4. 应聘流程

示范案例：

校园招聘演说模板（提纲）

1. 关于我们

（1）公司简介

（2）发展历程

（3）业务范围

（4）产品介绍

（5）合作伙伴

（6）组织架构

（7）业务分布

（8）企业文化

（9）企业荣誉

（10）发展规划

（11）公司前景

2. 岗位计划

（1）招聘职位

（2）任职要求

3. 发展平台及薪酬

（1）办公环境

（2）团队风采

（3）薪酬结构

（4）员工福利

（5）人才发展通道

4. 应聘流程

（1）校园宣讲安排

（2）招聘流程

（3）就业指导

（4）其他说明

（5）联系我们

（6）提问答疑

注意事项：

（1）宣讲前的入场和准备，要给学生发放宣传小册和播放企业宣传片及传阅企业内刊。

（2）宣讲时要自信、自然，对 PPT 材料和视频要非常熟悉。

（3）宣讲结束后立刻解答学生的提问。对各种问题一定要充分准备，要注意委婉和技巧，且回答时要流利自然，始终面带笑容。

（4）宣讲和问题解答后进入面试阶段，以便在学生兴趣最浓厚时进行招聘，收获最大的成果。

（5）宣讲时，可邀请该校的就业老师一起旁听。提前请老师在宣讲完进行点评，可以有效提升学生的认同和信任。

（6）宣讲最后要向学生说明此次招聘的进程安排。面试、笔试的安排，签约的地点、时间，提醒学生提前准备好个人的就业协议。

十、如何作庆典致辞

目的：

（1）传递信息，了解情况。

（2）交流感情，增进友谊。

（3）营造环境，活跃气氛。

形式：带稿演讲或脱稿演讲。

时间：3—5分钟。

结构：

1. 问好

2. 感谢

3. 介绍

4. 承诺

5. 祝福

示范案例：

开业庆典致辞

尊敬的各位领导、各位嘉宾，女士们、先生们：

大家中午好！

今天，酒店正式试营业，作为酒店总经理，我感到十分荣幸。

在此，我谨代表全体员工，对各位嘉宾的光临表示热烈的欢迎；对酒店的试营业表示衷心的祝贺；对日夜奋战在酒店施工现场、为酒店顺利投入运营而付出全部精力和时间的所有员工及有关协作单位致以诚挚的谢意！

公司成立于 ×× 年。经过 ×× 年的成长和历练，业务范围不断扩大。从初期的房地产开发、装饰设计及建筑施工、物业管理服务，到近年涉足的包装工业、餐饮业、高尔夫球练习场等，无不体现出我们的勤奋和上进精神。而酒店的正式试营业，对推进公司的进一步发展具有重要的意义。

酒店总面积超过两万平方米，拥有设备完善的客房和服务式公寓套房一百多间，康乐休闲设施包括多功能会议中心、迷你影院、中西餐厅、阳光泳池、足浴、棋牌、歌厅酒吧、舞蹈室、健身室、桌球乒乓球室和羽毛球场等，适合短暂商务停留或中长期居住。再配合现代风格的建筑设计，可谓主题、内容、需求相符，而在大力推进旅游经济发展的今天，亦可谓天时、地利、人和兼备。

在未来的日子里，我们会努力提升酒店的服务和管理质量，以更高的目标建设各类项目，也希望能够得到在座各位一如既往的关怀和支持。

最后，祝愿各位嘉宾身体健康，万事顺意，家庭幸福！谢谢！

注意事项：

（1）讲话的语气、语调都要有喜庆色彩

即便实际的工作有诸多的问题，但是这个时候不适宜费口舌大讲特讲。应该多肯定成绩，多鼓舞干劲，多展望美好前景。

（2）要照顾到方方面面

祝贺也好，评价也好，态度要端正，措辞要严谨，内容要丰满，避免厚此薄彼。

（3）说话内容符合正式场合

切忌无聊的插科打诨，油滑的轻薄搞怪，不能语无伦次瞎扯，也不能口若悬河吹牛。正式场合，一定要认真对待，使用合适的演说语言。

附二　经典演说词赏析

伟大的革命导师列宁说："语言是人类最重要的交际工具。"历史和现实早已证明：有时"说"比"写"更容易引起人们的共鸣。一次优秀的演讲，甚至可以改变一个民族、一个国家甚至世界的历史进程。

在这里，我们为大家精心挑选了四篇世界级经典演说词。目的是开阔大家的眼界，感受一下经典演说的威力和影响力。同时也希望借此来提升大家的演说鉴赏能力，为自己接下来的演说之路加持能量。

一、丘吉尔："我们将战斗到底"

1940 年 5 月 26 日，英军从敦刻尔克撤退。在短短的 8 天中，被围困在敦刻尔克周围一小块地区的盟军奇迹般地撤出 33 万多人。

1940 年 6 月 4 日，丘吉尔在下院通报了敦刻尔克撤退成功，但是也提醒：

“战争不是靠撤退打赢的。”随后，丘吉尔发表了他在“二战”中最鼓舞人心的演说“我们将战斗到底”：

这次战役尽管我们失利，但我们决不投降，决不屈服，我们将战斗到底。

赏析：开宗明义，开门见山，在演讲的开头即表明自己的态度和决心，给人以坚定的信心和力量。

我们必须非常慎重，不要把这次援救说成是胜利。战争不是靠撤退赢得的。但是，在这次援救中却蕴藏着胜利，这一点应当注意到。这个胜利是空军获得的。归来的许许多多士兵未曾见到过我们空军的行动，他们看到的只是逃脱我们空军掩护性攻击的敌人轰炸机。他们低估了我们空军的成就。关于这件事，其理由就在这里。我一定要把这件事告诉你们。

赏析：正确认识和看待一件事情，帮助听众进行有效地区分，是演说家最重要的价值所在。

这是英国和德国空军实力的一次重大考验。德国空军的目的是要使我们从海滩撤退成为不可能，并且要击沉所有密集停泊在那里的数以千计的船只。除此之外，你们能想象出他们还有更大的目的吗？除此而外，从整个战争的目的来说，还有什么更大的军事重要性和军事意义呢？他们曾全力以赴，但他们终于被击退了；他们在执行他们的任务中遭到挫败。我们把陆军撤退了，他们付出的代价，四倍于他们给我们造成的损失……已经证明，我们所有的各种类型的飞机和我们所有的飞行人员比他们现在面临的敌人都要好。

当我们说在英伦三岛上空抵御来自海外的袭击将对我们更有好处时，我应当指出，我从这些事实里找到了一个可靠的论据，我们实际可行而又万无一失的办法就是根据这个论据想出来的。我对这些青年飞行员表示敬意。强大的法国陆军当时在几千辆装甲车的冲击下大部分溃退了。难道不可以说，文明事业本身将由数千飞行员的本领和忠诚来保护吗?

赏析：反问句的多次使用，加强了演说者的情绪渲染力，强化了听众的认知，使演讲内容更容易引发听众的共鸣。

有人对我说，希特勒先生有一个入侵英伦三岛的计划，过去也时常有人这么盘算过。当拿破仑带着他的平底船和他的大军在罗涅驻扎一年之后，有人对他说："英国那边有厉害的杂草。"自从英国远征军归来后，这种杂草当然就更多了。

我们目前在英国本土拥有的兵力，比我们在这次大战中或上次大战中任何时候的兵力不知道要强大多少倍。这一事实当然对抵抗入侵本土防御问题起有利作用，但不能这样继续下去。我们不能满足于打防御战，我们对我们的盟国负有义务，我们必须重新组织在英勇的总司令戈特勋爵指挥下的英国远征军。这一切都在进行中，但是在这段期间，我们必须使我们本土上的防御达到这样一种高度的组织水平，即只需要极少数的人便可以有效地保障安全，同时又可发挥攻势活动最大的潜力。我们现在正进行这方面的部署。

这次战役尽管我们失利，但我们决不投降，决不屈服，我们将战斗到底。我们将在法国战斗，我们将在海洋上战斗，我们将充满信心地在空中战斗！我们将不惜任何代价保卫本土，我们将在海滩上战斗！

在敌人登陆地点作战！在田野和街头作战！

在山区作战！

我们任何时候都不会投降。

即使我们这个岛屿或这个岛屿的大部分被敌人占领，并陷于饥饿之中，我们有英国舰队武装和保护的海外帝国也将继续战斗。

赏析：这短短的几句话就是战斗宣言，里面有六次提到了“战斗”，三次提到了“作战”，而且点明战斗的地点，表明了演说者的决心和承诺，具有强大的语言感染力和情绪带动力。这段内容也成了这篇经典演说的精华和关键所在。

这次战役我军死伤战士达三万人，损失大炮近千门，海峡两岸的港口也都落入希特勒手中，德国将向我国或法国发动新的攻势，已成为既定的事实。法兰西和比利时境内的战争，已成为千古憾事。法军的势力被削弱，比利时的军队被歼灭，相比较而言，我军的实力较为强大。现在已经是检验英德空军实力的时候了！撤退回国的士兵都认为，我们的空军未能发挥应有的作用，但是，要知道我们已经出动了所有的飞机，用尽了所有的飞行员，以寡敌众，绝非这一次！在今后的时间内，我们可能还会遭受更严重的损失，曾经让我们深信不疑的防线，大部分被突破，很多有价值的工矿都已经被敌人占领。从今后，我们要作好充分准备，准备承受更严重的困难。对于防御性战争，决不能认为已经定局！我们必须重建远征军，我们必须重建远征军，我们必须加强国防，必须减少国内的防卫兵力，增加海外的打击力量。

在这次大战中，法兰西和不列颠将联合一起，决不屈服，决不投降！

赏析：结尾再次点题，表明观点和立场，与开头呼应。

二、亚伯拉罕·林肯：“葛底斯堡演说”

“葛底斯堡演说”是林肯总统演说中最著名的一篇，也是在美国历史中最常被引用的演说。这篇演说发表于1863年11月19日，时值美国南北战争，距北方军击败南方叛军的葛底斯堡决定性战役仅4个半月。演说的场所在宾夕法尼亚州葛底斯堡国家公墓。

八十七年前，我们的先辈在这个大陆上创建了一个新的国家。她孕育于自由之中，奉行人人生来平等的信条。

现在，我们正进行一场伟大的内战，以考验这个国家，或者任何一个孕育于自由和奉行人人生来平等信条的国家，是否能够长久坚持下去。

赏析：运用时空对比的手法，表明了演说者的立场和观点，让演说更具逻辑性和说服力。

我们相聚在这场战争的一个伟大战场上，我们来到这里把这战场的一部分奉献给那些为国家生存而捐躯的人们，作为他们最后的安息之所。我们这样做是完全适合的、恰当的。但是，从更高的意义上说，我们是不能奉献，不能圣化，也不能神化这片土地的，因为那些曾经在这里战斗过的人们，活着的和死去的人们，已经圣化了这片土地，他们所做的远非我们的微薄之力所能扬抑。这个世界不大会注意也不会长久记得我们今天在这里所说的话，但是，它永远不会忘记勇士们在这里所做的事。

毋宁说，我们活着的人，应该献身于留在我们面前的伟大任务：

从这些光荣的死者身上汲取更多的献身精神，以完成他们精诚所至的事业；

我们在此下定最大的决心，以不让死者白白牺牲；

让这个国家在上帝的保佑下获得自由的新生；

让这个民有、民治、民享的政府与世长存。

赏析：演讲的结尾发出行动的号召，也指明了行动的方向。在形式上采用并列式的逻辑表达，在内容上则是层层递进。最后一句话点明主旨，成为经典的金句。

三、马丁·路德·金：“我有一个梦想”

1963年8月28日，马丁·路德·金组织了争取黑人工作机会和自由权的“华盛顿工作与自由游行”，此次示威运动中，有超过二十五万的抗议者聚集在华盛顿特区。在林肯纪念馆的台阶上，马丁·路德·金发表了“我有一个梦想”的演讲。

他的演讲是对各种语言修辞能力的综合运用。讲稿都经过细密的设计：从生活中的现实体验切入，适时地运用历史和《圣经》典故，用排比勾勒出未来社会的美好面貌，辅以一系列蓬勃激烈的辞藻将演讲情感推至高潮，于热烈之中谢幕。

今天，我高兴地同大家一起，参加这次将成为我国历史上为了争取自由而举行的最伟大的示威集会。

100年前，一位伟大的美国人——今天我们就站在他象征性的身影下——签署了《解放宣言》。这项重要法令的颁布，对于千百万灼烤于非正义残焰中的黑奴，犹如带来希望之光的硕大灯塔，恰似结束漫漫长夜禁锢的欢畅黎明。

然而，100年后，黑人依然没有获得自由。

100年后，黑人依然悲惨地蹒跚于种族隔离和种族歧视的枷锁之下。

100年后，黑人依然生活在物质繁荣的贫困孤岛上。

100年后，黑人依然在美国社会中间向隅而泣，依然感到自己在国土家园中流离漂泊。所以，我们今天来到这里，要把这骇人听闻的情况公之于众。

赏析：演讲开篇就通过“100年前”和“100年后”的对比和三个“100年后”的排比句，形成强烈的反差，体现了思维的严谨和逻辑性，而排比句的运用，更容易引发听众的认同。

从某种意义上说，我们来到国家的首都是为了兑现一张支票。我们共和国的缔造者在拟写宪法和独立宣言的辉煌篇章时，就签署了一张每一个美国人都能继承的期票。这张期票向所有人承诺——不论白人还是黑人——都享有不可让渡的生存权、自由权和追求幸福权。

赏析：用支票做比喻，更加直观和形象。借此表明权利的合法性和集会的必要性。

然而，今天美国显然对她的有色公民拖欠着这张期票。美国没有承兑这笔神圣的债务，而是开始给黑人一张空头支票——一张盖着“资金不足”的印戳被退回的支票。但是，我们决不相信正义的银行会破产。我们决不相信这个国家巨大的机会宝库会资金不足。因此，我们来兑现这张支票。这张支票将给我们以宝贵的自由和正义的保障。

我们来到这块圣地还为了提醒美国：

现在正是万分紧急的时刻。

现在不是从容不迫悠然行事或服用渐进主义镇静剂的时候。

现在是实现民主诺言的时候。

现在是走出幽暗荒凉的种族隔离深谷，踏上种族平等的阳关大道的时候。

现在是使我们国家走出种族不平等的流沙，踏上充满手足之情的磐石的时候。

现在是使上帝所有孩子真正享有公正的时候。

赏析：排比句的运用，让演说气势磅礴，强化了重要性和紧迫性。

忽视这一时刻的紧迫性，对于国家将会是致命的。自由平等的朗朗秋日不到来，黑人顺情而合理哀怨的酷暑就不会过去。1963 年不是一个结束，而是一个开端。

如果国家依然我行我素，那些希望黑人只需出出气就会心满意足的人将大失所望。在黑人得到公民权之前，美国既不会安宁，也不会平静。反抗的旋风将继续震撼我们国家的基石，直至光辉灿烂的正义之日来临。

但是，对于站在通向正义之宫艰险门槛上的人们，有一些话我必须要说。在我们争取合法地位的过程中，切不要错误行事导致犯罪。我们切不要吞饮仇恨辛酸的苦酒，来解除对于自由的饮渴。

赏析：对已经聚集起来的民众，进行正确的行为上的引导，体现了演说者在民众中的影响力和演说的威力。

我们应该永远得体地、纪律严明地进行斗争。

我们不能容许我们富有创造性的抗议沦为暴力行动。

我们应该不断升华到用灵魂力量对付肉体力量的崇高境界。席卷黑人社会的新的奇迹般的战斗精神，不应导致我们对所有白人的不信任——因为许多白人兄弟已经认识到：他们的命运同我们的命运紧密相连，他们的自由同我们的自由休戚相关。他们今天来到这里参加集会就是明证。

我们不能单独行动。当我们行动时，我们必须保证勇往直前。我们不能后退。

有人问热心民权运动的人：“你们什么时候会感到满意？”

只要黑人依然是不堪形容的警察暴行恐怖的牺牲品，我们就决不会满意。

只要我们在旅途劳顿后，却被公路旁汽车游客旅社和城市旅馆拒之门外，我们就决不会满意。

只要黑人的基本活动范围只限于从狭小的黑人居住区到较大的黑人居住区，我们就决不会满意。

只要我们的孩子被“仅供白人”的牌子剥夺个性，损毁尊严，我们就决不会满意。

只要密西西比州的黑人不能参加选举，纽约州的黑人认为他们与选举毫不相干，我们就决不会满意。不，不，我们不会满意，直至公正似水奔流，正义如泉喷涌。

赏析：再次运用排比的修辞，增强演说的感染力。

我并非没有注意到你们有些人历尽艰难困苦来到这里。你们有些人刚刚走出狭小的牢房。有些人来自因追求自由而遭受迫害风暴袭击和警察暴虐狂飙摧残的地区。你们饱经风霜，历尽苦难。继续努力吧，要相信：无辜受苦终得拯救。

回到密西西比去吧；

回到亚拉巴马去吧；

回到南卡罗来纳去吧；

回到佐治亚去吧；

回到路易斯安那去吧；

回到我们北方城市中的贫民窟和黑人居住区去吧。

要知道，这种情况能够而且将会改变。我们切不要在绝望的深渊里沉沦。

朋友们，今天我要对你们说，尽管眼下困难重重，但我依然怀有一个梦。这个梦深深植根于美国梦之中。

我梦想有一天，这个国家将会奋起，实现其立国信条的真谛：“我们认为这些真理不言而喻：人人生而平等。”

我梦想有一天，在佐治亚州的红色山岗上，昔日奴隶的儿子能够同昔日奴隶主的儿子同席而坐，亲如手足。

我梦想有一天，甚至连密西西比州——一个非正义和压迫的热浪逼人的荒漠之州，也会改造成为自由和公正的青青绿洲。

我梦想有一天，我的四个小女儿将生活在一个不是以皮肤的颜色，而是以品格的优劣作为评判标准的国家里。

赏析：运用排比，通过对具体梦想的提出和描述，给处于困难中的听众以希望、信心和勇气。

我今天怀有一个梦。

我梦想有一天，亚拉巴马州会有所改变——尽管该州州长现在仍滔滔不绝地说什么要对联邦法令提出异议和拒绝执行——在那里，黑人儿童能够和白人儿童兄弟姐妹般地携手并行。

我今天怀有一个梦。

我梦想有一天，深谷弥合，高山夷平，歧路化坦途，曲径成通衢，上帝的光华再现，普天下生灵共谒。这是我们的希望。这是我将带回南方去的信念。有了这个信念，我们就能从绝望之山开采出希望之石。有了这个信念，我们就能把这个国家的嘈杂刺耳的争吵声，变为充满手足之情的悦耳交响曲。有了这个信念，我们就能一同工作，一同祈祷，一同斗争，一同入狱，一同维护自由，因为我们知道，我们终有一天会获得自由。

到了这一天，上帝的所有孩子都能以新的含义高唱这首歌：

我的祖国，可爱的自由之邦，我为您歌唱。这是我祖先终老的地方，这是早期移民自豪的地方，让自由之声，响彻每一座山冈。如果美国要成为伟大的国家，这一点必须实现。因此，让自由之声响彻新罕布什尔州的巍峨高峰！让自由之声响彻纽约州的崇山峻岭！

让自由之声响彻宾夕法尼亚州的阿勒格尼高峰！

让自由之声响彻科罗拉多州冰雪皑皑的洛基山！

让自由之声响彻加利福尼亚州的婀娜群峰！

不，不仅如此；让自由之声响彻佐治亚州的石山！

让自由之声响彻田纳西州的望山！

让自由之声响彻密西西比州的一座座山峰，一个个土丘！

让自由之声响彻每一个山冈！

赏析：对梦想实现后的场景进行罗列式描述。排比句的多次运用，让演讲不断达到一个又一个高潮。

当我们让自由之声轰响，当我们让自由之声响彻每一个大小村庄，每一个州府城镇，我们就能加速这一天的到来。那时，上帝的所有孩子，黑人和白人，犹太教徒和非犹太教徒，耶稣教徒和天主教徒，将能携手同唱那首古老的黑人灵歌：“终于自由了！终于自由了！感谢全能的上帝，我们终于自由了！”

赏析：用经典的黑人灵歌歌词作结尾，体现了演说者的格局，并与开头进行有效呼应。

四、约翰 · F. 肯尼迪："就职演讲"

肯尼迪是美国历史上最年轻的总统。他的当选代表了"二战"后年轻一代的主张。1961 年肯尼迪的就职演讲，言辞华美，气势雄伟，极富感染力，被认为是美国总统就职演讲中最为精彩的篇章之一。其语言简明、结构巧妙，内容也反映了当时的政治、文化、社会背景，值得我们探究学习。

今天我们庆祝的不是政党的胜利，而是自由的胜利。

赏析：开篇演讲就定调："自由"的胜利。不论是哪一个政党，"自由"是共同的目标，避免了失利一派的不满情绪。

这象征着一个结束，也象征着一个开端；意味着延续也意味着变革。因为我已在你们和全能的上帝面前，宣读了我们的先辈在 170 多年前拟定的庄严誓言。

现在的世界已大不相同了。人类的巨手掌握着既能消灭人间的各种贫困，又能毁灭人间的各种生活的力量。但我们的先辈为之奋斗的那些革命信念，在世界各地仍然有着争论。这个信念就是：人的权利并非来自国家的慷慨，而是来自上帝恩赐。

今天，我们不敢忘记我们是第一次革命的继承者。让我们的朋友和敌人同样听见我此时此地的讲话：火炬已经传给新一代美国人。这一代人在本世纪诞生，在战争中受过锻炼，在艰难困苦的和平时期受过陶冶，他们为我国悠久的传统感到自豪——他们不愿目睹或听任我国一向保证的、今天仍在国内外作出保证的人权渐趋毁灭。

让每个国家都知道——不论它希望我们繁荣，还是希望我们衰落——为确保自由的存在和自由的胜利，我们将付出任何代价，承受任何负担，应付任何艰难，支持任何朋友，反抗任何敌人。

这些就是我们的保证——而且还有更多的保证。

对那些和我们有着共同文化和精神渊源的老盟友，我们保证待以诚实朋友那样的忠诚。

我们如果团结一致，就能在许多合作事业中无往不胜；

我们如果分歧对立，就会一事无成——因为我们不敢在争吵不休、四分五裂时迎接强大的挑战。

对那些我们欢迎其加入到自由行列中来的新国家，我们恪守我们的誓言：决不让一种更为残酷的暴政来取代一种消失的殖民统治。我们并不总是指望他们会支持我们的观点。但我们始终希望看到他们坚强地维护自己的自由——而且要记住，在历史上，凡愚蠢的狐假虎威者，终必葬身虎口。

对世界各地身居茅舍和乡村、为摆脱普遍贫困而斗争的人们，我们保证尽最大努力帮助他们自立，不管需要花多长时间——之所以这样做，并不是因为共产党可能正在这样做，也不是因为我们需要他们的选票，而是因为这样做是正确的。自由社会如果不能帮助众多的穷人，也就无法挽救少数富人。

对我国南面的姐妹共和国，我们提出一项特殊的保证——在争取进步的新同盟中，把我们善意的话变为善意的行动，帮助自由的人们和自由的政府摆脱贫困的枷锁。但是，这种充满希望的和平革命决不可以成为敌对国家的牺牲品。我们要让所有邻国都知道，我们将和他们在一起，反对在美洲任何地区进行侵略和颠覆活动。让所有其他国家都知道，本半球的人仍然想做自己家园的主人。

对联合国，主权国家的世界性议事机构，我们在战争手段大大超过和平手段的时代里最后的、最美好的希望所在，我们重申予以支持：防止它仅仅成为谩骂的场所；加强它对新生国家和弱小国家的保护；扩大它的行使法令的管束范围。

最后，对那些与我们作对的国家，我们提出一个要求而不是一项保证：在科学释放出可怕的破坏力量，把全人类卷入预谋的或意外的自我毁灭的深渊之前，让我们双方重新开始寻求和平。

赏析：以上诸多“保证”，表明了对自己竞选主张的再次承诺，增强民众信心。

我们不敢以怯弱来引诱他们。因为只有当我们毫无疑问地拥有足够的军备，我们才能毫无疑问地确信永远不会使用这些军备。

但是，这两个强大的国家集团都无法从目前所走的道路中得到安慰——发展现代武器所需的费用使双方负担过重，致命的原子武器的不断扩散理所当然使双方忧心忡忡，但是，双方却争着改变那制止人类发动最后战争的不稳定的恐怖均势。

因此，让我们双方重新开始——双方都要牢记，礼貌并不意味着怯弱，诚意永远有待于验证。让我们决不要由于畏惧而谈判。但我们决不能畏惧谈判。

让双方都来探讨使我们团结起来的问题，而不要操劳那些使我们分裂的问题。

让双方首次为军备检查和军备控制制订认真而又明确的提案，把毁灭他国的绝对力量置于所有国家的绝对控制之下。

让双方寻求利用科学的奇迹，而不是乞灵于科学造成的恐怖。让我们一起探索星球，征服沙漠，根除疾患，开发深海，并鼓励艺术和商业的发展。

让双方团结起来，在全世界各个角落倾听以赛亚的训令——“解下轭上的索，使被欺压的得自由。”

赏析：排比句结构平衡，音韵和谐，语义紧凑，高潮迭起，极富感召力与鼓动性。增强了演讲时语言表达的气势，更容易带动听众的情绪。

如果合作的滩头阵地能逼退猜忌的丛林，那么就让双方共同作一次新的努力；不是建立一种新的均势，而是创造一个新的法治世界，在这个世界中，强者公正，弱者安全，和平将得到维护。

赏析：运用隐喻手法，把一些抽象的东西具体化，把一些看来遥远的事与人们熟悉的事物联系起来，使语言更加形象生动，易于理解，有感染力，很容易为听众所接受。

所有这一切不可能在今后一百天内完成，也不可能在今后一千天或者在本届政府任期内完成，甚至也许不可能在我们居住在这个星球上的有生之年内完成。但是，让我们开始吧。

公民们，我们方针的最终成败与其说掌握在我手中，不如说掌握在你们手中。自从合众国建立以来，每一代美国人都曾受到召唤去证明他们对国家的忠诚。响应召唤而献身的美国青年的坟墓遍及全球。

现在，号角已再次吹响——

不是召唤我们拿起武器，虽然我们需要武器；

不是召唤我们去作战，虽然我们严阵以待。

它召唤我们为迎接黎明而肩负起漫长斗争的重任，年复一年，从希望中得到欢乐，在磨难中保持耐性，对付人类共同的敌人——专制、社团、疾病和战争本身。

为反对这些敌人，确保人类更为丰裕的生活，我们能够组成一个包括东西南北各方的全球大联盟吗？你们愿意参加这一历史性的努力吗？

在漫长的世界历史中，只有少数几代人在自由处于最危急的时刻，被赋予保卫自由的责任。我不会推卸这一责任，我欢迎这一责任。我不相信我们中间有人想同其他人或其他时代的人交换位置。我们为这一努力所奉献的精力、信念和忠诚，将照亮我们的国家和所有为国效劳的人，而这火焰发出的光芒定能照亮全世界。

因此，美国同胞们，不要问国家能为你们做些什么，而要问你们能为国家做些什么。

全世界的公民们，不要问美国将为你们做些什么，而要问我们共同能为人类的自由做些什么。

赏析：这两句话是这篇演讲的精华所在，也是被广为流传的经典语句。

最后，不论你们是美国公民还是其他国家的公民，你们应要求我们献出我们同样要求于你们的高度力量和牺牲。问心无愧是我们唯一可靠的奖赏，历史是我们行动的最终裁判，让我们走向前去，引导我们所热爱的国家。我们祈求上帝的福佑和帮助，但我们知道，确切地说，上帝在尘世的工作必定是我们自己的工作。

后　记

还是那个问题：这个世界到底是被什么样的人在影响和改变？还是那个答案：真正影响和改变世界的是那些有思想还会演说的人！

你是要做那个被影响和改变的人，还是做一个影响并改变他人的人，取决于你是否要开始你的行动式演说！

我们所秉承的一个演说理念就是：让世界听到你的思想，让你的思想影响世界。在本书的最后，我谈谈对这句话的理解。

让世界听到你的思想

首先，做一个善于思考、有独立思想的人。法国现代哲学之父笛卡儿说：“我思，故我在。”人生来是一张白纸，人和动物的区别在于人有思想，可以思考和沟通。人与人之间的差别，不只是身高、体重、学历、长相或者出身，更核心的差别在于思想的不同。“劳心者治人，劳力者治于人。”思考是一项艰苦的脑力劳动。这也是很多人不愿意思考的原因。每天思考的不同，从而造就了不同的性格，不同的命运。对我们的要求就是，做一个用心生活的人，用心体验和感受生活中的点点滴滴，善于发现生活中的真善美。

不仅要有思想，还要有力量地表达，影响到更多的人。语言表达能力是现代人必备的基本素质之一。口才越来越被认为是现代人所应具有的必备能力。这是一个影响力的世界。要么影响，要么被影响。一个不善于表达自己的思想和观点的人是没有影响力的。对我们的要求就是，做一个会演讲的人，用语言的力量准确表达自己的思想和观点，成为影响力的中心。

让你的思想影响世界

首先让自己成为正知、正念的受益者。征服世界易，改变自己难。命运方程式告诉我们：思想决定行为，行为决定结果。人生是可以被设计而更加精彩的。都说“知易，行难”，在我看来“知难，行易”。这里的“知”不是“知道”，而是“真知”，只有实践才会出真知。没有正确的理论，就不会有正确的行动。对我们的要求就是知行合一。说我所做，做我所说。做出好的结果，说话才有分量。

运用演说的力量，传播正知、正念。《大学》里的八目“格物、致知、诚意、正心、修身、齐家、治国、平天下”，说的是一个人成长的八个阶段。演说的价值就在于在做好“格物、致知、诚意、正心、修身”的基础上，可以更好地支持“齐家、治国、平天下”目标的达成。对我们的要求就是成己达人，持续放大自己的境界和格局，活出自己生命的意义和价值。

演说是一种生活方式，演说是一种人生境界，演说是一条漫漫长路。让我们把演说融入自己的生活和工作之中，找到自己的天赋使命，在路漫漫且修远的人生旅途中，上下求索，砥砺前行。

致　　谢

本书的出版，得到了上海智读汇文化传播有限公司总经理柏宏军先生及团队的大力支持，感谢柏总；感谢搭档杨延光老师为本书付出的辛勤工作；感谢羽翎为本书的最终修订所付出的智慧；感谢中恒建设集团聂辉聂总、四川神通教育华艳红华总对本书预售给予的大力支持；感谢所有在本书预售期间给予支持的老师、朋友、学员、客户。

感谢玖零股份董事长、北京前沿移动教育科技有限公司董事长林姝宏女士对我二度创业的信任与支持；感谢行动教育（证券代码：831891）董事长兼 CEO 李践老师过往的悉心栽培与对本书创作的指导。

最后，真诚感谢我的先生、我的儿子儿媳，他们对我生活方面的“弱智”一如既往地“不咎”，对我事业方面的“一根筋”一如既往地理解与支持。

也谨以此书作为我迎接刚来到这个世界的孙女菁菁的礼物！这是一个如此美好的世界，愿菁菁健康快乐，未来成为一个影响并改变世界的人。

汤筱君